L

# LE BUDGET.

## DE L'IMPRIMERIE DE CRAPELET,

RUE DE VAUGIRARD, N° 9.

# LE BUDGET,

PAR

## M. LE M^{is} D'AUDIFFRET.

DUFART, ÉDITEUR..

## A PARIS,

CHEZ A. ALLOUARD, LIBRAIRE,

QUAI VOLTAIRE, N° 21.

—

DÉCEMBRE 1841.

# PRÉFACE.

---

Depuis que le repos de l'Europe a été
troublé par le traité du 15 juillet 1840,
que notre prospérité financière a été gravement compromise par des préparatifs de
guerre ou de défense, que l'équilibre du
budget a été dérangé sur les trois derniers
exercices, et que la menace d'un déficit
nouveau poursuit encore celui qui va s'ouvrir en 1843, je me suis imposé la tâche de
rechercher les causes de cette funeste perturbation nationale, et le devoir de concourir par les tributs de mes longues études
à ramener le Gouvernement le plus tôt pos-

sible aux anciens errements de l'administration intérieure et de la politique étrangère.

Les discours que j'ai prononcés pendant la dernière session législative sur les
embarras de notre situation nouvelle et sur
les moyens les plus sûrs et les plus prompts
d'en dégager notre avenir, n'ont pas eu
assez d'étendue pour expliquer complète-
ment les motifs de mes convictions personnelles, ni les conséquences des propositions que j'ai énoncées; je me suis en
conséquence décidé à publier cet examen
critique du budget de l'État où j'indique,
avec tous les développements nécessaires à
l'exposition et à la justification de mes pensées, les réformes et les améliorations qui
me paraissent indispensables pour rentrer,
sur tous les services, dans les voies de
l'ordre et du bien général.

La discussion de la loi de finances est à la fois trop rapide et trop retardée, dans la Chambre des Pairs, pour qu'il m'eût été possible d'y présenter, avec opportunité, le travail que je soumets aujourd'hui à tous les esprits qui vont se livrer à l'étude de ces matières.

Animé du seul désir d'être utile à mon pays par de laborieux efforts, j'aborde sans haine et sans crainte des questions générales où je n'ai pas mêlé le jugement des personnes à mes opinions sur les choses, parce qu'il m'a semblé que les hommes devaient s'effacer dans le débat solennel de nos grands intérêts publics.

Je me résigne, au surplus, avec une résolution persévérante, et qui ne sera découragée par aucun regret si je sers bien ma patrie, à supporter le dépit des amours-propres

froissés, ou la colère des ambitions déçues,
soit par le blâme des idées dangereuses,
soit par un retour complet aux principes
et aux vues qui pourraient ramener et consolider le bonheur de la France.

# TABLE DES MATIÈRES,

## CONTENUES DANS CE VOLUME.

---

# CHAPITRE III.

# CHAPITRE IV.

## SOUVENIRS

FIN DE LA TABLE DES MATIÈRES.

# LE BUDGET.

## CHAPITRE PREMIER.

### INTRODUCTION.

Tout est si mobile en France, les idées et les choses, les événements et leurs conséquences, les hommes et leurs œuvres, qu'il y aurait autant d'imprévoyance à se confier à la durée du bien qu'à se décourager par la présence du mal. Dans ses erreurs politiques de tous les temps, dans ses révolutions de toutes les époques, le peuple s'est bientôt vengé de ses flatteurs comme de ses complices; et il a presque toujours brisé ses idoles avant qu'elles aient pu exaucer ses plus folles prières.

En parcourant les phases diverses de notre histoire on acquiert la conviction que la puissance nationale restera constamment supérieure aux efforts de ses ennemis, et que la richesse du pays découlera presque sans interruption d'une source inépuisable. Cette précieuse sécurité ne s'établit pas seulement sur les nombreux triomphes de nos armées, ni sur les jours trop rares de la prospérité publique; mais elle se fonde principalement sur la grandeur d'un patriotisme imposant au milieu même des revers et de l'infortune, et sur l'étendue des charges extraordinaires si souvent supportées, sans murmure, par le dévouement des populations.

Sans invoquer les souvenirs de l'ancienne monarchie, et notamment la mémoire des trois grands ministres de Henri IV, de Louis XIII et de Louis XIV, qui ont fait si rapidement succéder l'ordre à l'anarchie, la force à la faiblesse de l'autorité, l'élévation du trône à son abaissement, et l'abondance des revenus à la misère générale, bornons-nous à consulter les faits contemporains.

Nous verrons d'abord les déchirements intérieurs, les destructions et les dilapidations d'une république impuissante, par ses violences convulsives, à consommer la perte de notre existence nationale, et soutenant, avec désespoir, contre elle-même, contre l'Europe et contre l'impossible, une lutte sanglante, qui n'a pas été sans gloire pour nos armes, et sans d'utiles enseignements pour notre avenir.

Nous admirerons bientôt après, du sein même de ses ruines, la réédification du corps social et l'affermissement du pouvoir, par les habiles efforts du Consulat; nous suivrons, tour à tour, sous l'Empire, avec autant d'enthousiasme que de désenchantement, le plus puissant génie des temps modernes, dans les œuvres immortelles de sa grande renommée, dans les égarements de son belliqueux orgueil, et dans les déplorables catastrophes par lesquelles il a, deux fois, épuisé les forces et les ressources de notre généreuse patrie.

Enfin, nous assisterons à l'établissement d'un nouveau gouvernement fondé sur des institutions constitutionnelles, au milieu des désastres d'une double invasion étrangère. Nous nous étonnerons de le voir solder presque immédiatement, après de si grands dommages et de si longues souffrances sortis d'une conflagration générale de près de vingt-cinq années, plusieurs milliards de contributions de guerre pour la rançon de la France, et se libérer aussi d'un arriéré de 650 millions (1) au moment où il venait de supporter les charges incalculables de l'occupation de son territoire par les puissances coalisées, qui nous faisaient expier alors tous les maux que nos conquêtes leur avaient fait souffrir.

Nous le verrons ensuite fonder le crédit public sur la bonne foi d'un Trésor profondément obéré, augmenter progressivement ses revenus indirects de 212 millions (2), par le développement naturel de la richesse et du mouvement social, mais sans élever les taxes de leurs tarifs; enfin, dégréver, par une bienfaisante compensation, le fardeau de l'impôt direct de la somme considérable de 92 millions (3).

Nous reconnaîtrons, avec un sentiment de confiance dans nos futures destinées, que ces grandes et rapides améliorations lui ont permis

_____

(1) *Voir* le *Compte des finances de l'année* 1824, p. 92 et 93.

(2) *Voir* le *Système financier de la France*, tome II, page 263, rapport du 15 mars 1830.

(3) *Système financier de la France*, tome II, pages 124 et 264.

de réparer, dans le cours d'une paix de quinze
années, la plus grande partie des pertes de notre
matériel militaire; de recréer, après leur long
dépérissement, notre puissance maritime, nos
établissements coloniaux, notre commerce extérieur et notre industrie agricole et manufacturière, enfin, de doter plus largement tous les
services qui devaient assurer la puissance et la
prospérité du pays. L'ordre, le contrôle et
l'économie ont pénétré dès lors dans les finances,
à la faveur d'un nouveau système de comptabilité
publique qui nous est maintenant envié par tous
les États de l'Europe.

Aussi, lorsque la grande commotion politique
de 1830 a fait passer en trois jours la couronne
royale à des mains nouvelles, cet accroissement
prodigieux de la fortune publique et de la force
nationale de la France l'a mise à l'abri de toute
menace extérieure et lui a permis de demeurer
encore inébranlable devant les dangers et les
conséquences dispendieuses d'un changement de
dynastie.

En effet, cette grave épreuve était moins difficile à supporter depuis que les dettes des administrations antérieures à 1815 avaient été inté-

gralement soldées, que le budget annuel offrait
un excédant de ressources de 80 millions consacrés à l'amortissement des effets publics ou à
des améliorations progressives, que tous les capitaux inscrits par la Restauration, soit pour le
maintien de la maison de Bourbon sur le trône
d'Espagne, soit pour la réparation de la plus
ruineuse des spoliations révolutionnaires, soit
pour le salut des chrétiens de la Morée, avaient
été rachetés en totalité par l'action journalière
de ce même amortissement, et enfin, que cette
réserve précieuse avait également acquis au
Trésor, et, par conséquent, rayé de son passif
31 millions (1) de rentes, ou près de 700 millions de capital appartenant aux événements qui
avaient précédé le rétablissement de l'ordre et
de la paix générale. C'était ainsi qu'au mois de
juillet 1830 l'État ne se trouvait plus débiteur
que de 162 millions de rentes, sur les 193 millions qui avaient si lourdement grevé le début de
l'administration des finances à la suite des désastres de 1815 et de l'intempérie de 1816.

---

(1) Voir le *Rapport de la Cour des Comptes sur les
comptes de l'année* 1839, page 115.

La France était donc parvenue, en quelques années, de la profonde détresse où l'avaient plongée les malheurs de la guerre, au plus haut degré de la prospérité publique, et elle semblait à la veille de recueillir les nouveaux fruits de son repos et de la prévoyance de l'administration; bienfaits perdus, en même temps qu'ils étaient annoncés par la conclusion d'un Rapport du Ministre des finances, présenté au Roi le 15 mars 1830, pour expliquer avec détail, et sur pièces justificatives, la situation prospère que nous venons de résumer (1).

---

(1) « Telle est, Sire, la véritable situation des charges « et des ressources de la France ; toutes ses dettes sur les « anciens exercices sont ou soldées ou couvertes par des « moyens suffisants, et les budgets courants et futurs of- « frent, dès à présent, des fonds libres et de grandes espé- « rances d'améliorations.

« Le régime d'ordre et d'économie qui s'est établi dans « les diverses parties du service a déjà produit de nom- « breuses épargnes qui ont allégé le poids de nos sacrifices ; « j'ai la satisfaction d'avoir pu montrer à Votre Majesté « que l'administration des finances était entrée franche- « ment dans cette carrière, et qu'elle y avait déjà recueilli « plus de trente millions, par des perfectionnements suc- « cessifs dans les différentes branches de son travail ; j'es-

En effet, les dernières promesses contenues
dans ce Rapport si loyal et si lumineux sur
l'état du pays étaient à peine accordées aux

---

« père aussi avoir démontré, par les développements que je
« viens de présenter sur le système de nos contributions
« publiques, qu'il sera possible incessamment d'en amé-
« liorer les tarifs, et d'en obtenir des tributs non moins
« abondants et plus faciles à supporter.

    « L'espérance d'un nouvel accroissement de nos revenus
« ne se change-t-elle pas en certitude, lorsque l'on suit
« les progrès de cette augmentation rapide et soutenue qui
« a élevé nos impôts indirects de 212 millions, pendant
« les quinze années de prospérité qui sont dues au retour
« de la paix et à la paternelle sollicitude de nos Rois; et
« que ne devons-nous pas attendre de l'activité industrieuse
« d'une population dont les efforts sont tous dirigés vers
« l'intérêt général !

    « Nous pouvons retrancher aussi de nos dépenses les
« utiles économies que l'ordre et la simplification du sys-
« tème administratif nous permettraient de réaliser avec
« une sage lenteur et sans nuire à la bonne exécution des
« services. Nous verrons s'affaiblir, chaque année, les
« charges temporaires que nous impose encore la dette via-
« gère, les pensions, les secours, les demi-soldes des mi-
« litaires. Une épargne de plus de 40 millions nous est as-
« surée par l'extinction graduelle de ces divers articles.
« Nous n'obtiendrons pas moins de la conversion de nos

voeux des populations, qu'il n'était plus donné de les accomplir au pouvoir trop confiant qui venait de les prononcer, et que la Révolution

---

« rentes 5 pour 100 et des fonds que l'élévation des cours « rendrait disponibles sur l'amortissement de notre dette « fondée. Nous avons enfin surmonté les circonstances les « plus difficiles, nous sommes entièrement quittes de toutes « les obligations qu'elles avaient fait contracter à la France, « et nous sommes appelés à recevoir aujourd'hui le prix de « tant d'efforts et de persévérance.

« Pour seconder les heureuses conséquences des prin- « cipes de justice et des règles d'administration que nous « avons suivies jusqu'à ce jour, Votre Majesté a reconnu « qu'il restait encore à entreprendre des travaux importants « et propres à donner un nouvel essor aux forces produc- « tives de l'agriculture, du commerce et de l'industrie. La « prospérité d'un grand peuple dépend presque toujours « des moyens qui lui sont offerts pour agrandir le cercle de « ses relations, pour multiplier les produits de son travail, « et pour exciter à des consommations plus abondantes. « Déjà, cet esprit actif qui anime en France toutes les « classes de la société est parvenu à créer de nouvelles « sources à la richesse publique, et commence à répandre « les bienfaits d'une aisance générale dans toutes les familles.

« Cette précieuse tendance doit être constamment sou- « tenue et encouragée par la prévoyance du Gouverne- « ment, et il est de son devoir d'ouvrir et d'aplanir le

de 1830 préparait de nouveaux périls et de nouveaux sacrifices à la France, au moment même où nós armes triomphantes châtiaient

---

« voies aux continuelles entreprises qui contribuent à l'amé-
« lioration de toutes les conditions sociales. Il est prudent,
« sans doute, d'éviter les dépenses abusives ; mais il n'est
« pas moins sage de remplacer de stériles épargnes par des
« emplois qui doivent augmenter les ressources du Trésor
« et celles des particuliers.

« Je ne crois donc pas que l'intérêt bien entendu des
« contribuables conseille de réserver exclusivement à des
« dégrèvements d'impôts les importants résultats de la ré-
« duction et de l'extinction de nos dettes anciennes, sur-
« tout après l'allégement de 92 millions qui a déjà été ac-
« cordé à la propriété, et je pense qu'il sera plus utile de
« les consacrer à la dotation, jusqu'à présent trop insuffi-
« sante, de plusieurs services qui ont pour but d'enrichir
« et d'honorer la France. C'est ainsi qu'on satisferait au
« besoin, chaque jour plus pressant, de compléter les éta-
« blissements civils et hydrauliques de la marine, de four-
« nir à la défense de nos frontières. tous les fonds néces-
« saires pour garantir la sécurité et l'indépendance du
« pays ; c'est ainsi qu'on pourrait appliquer à l'achèvement
« de nos routes et de nos canaux les subsides indispensa-
« bles pour établir entre toutes les parties de la France
« des communications faciles qui favoriseraient le travail,
« ouvriraient de nouveaux débouchés à ses produits, et

l'insolence du dey d'Alger, par la brillante et ruineuse conquête de nos possessions d'Afrique. La Providence n'a donc pas permis, cette fois encore, que l'œuvre de réparation pût s'accomplir par les mains qui l'avaient si bien commencée : elle a voulu sans doute que de plus longues épreuves nous méritassent une meilleure destinée.

Mais heureusement pour l'ordre public, dans ces trois jours de lutte matérielle contre la Couronne, il ne restait plus au peuple aucune puissance privilégiée à combattre, aucune distinction à envier, ni à détruire; il n'avait plus réellement d'autre obstacle à renverser, qu'un trône dépourvu d'appui et qui ne s'était pas armé pour sa défense. Aussi n'eut-il, après le succès, ni vengeance à exercer, ni bénéfice à recueillir. Cette facile victoire remportée sur la royauté a seulement conduit l'opinion domi-

---

« réaliseraient pour l'avenir toutes les espérances de la res-
« tauration. Ces fertiles emplois des épargnes dues au cré-
« dit de l'État élèveraient nos revenus dans une proportion
« incalculable, et nous procureraient un ample dédomma-
« gement des sacrifices temporaires qu'ils nous auraient
« demandés. »

nante à exiger, à titre de garanties constitutionnelles, contre les abus d'une autorité déjà très-
affaiblie par sa défaite et par la méfiance,
l'annulation de l'article 14 de la Charte, l'abo-
lition de l'hérédité de la Pairie, la suppression
des majorats et des substitutions, l'attribution
au jury des délits de la presse, l'abaissement du
cens électoral, l'initiative des lois dans les deux
Chambres, la nomination des Conseils des
Communes et des Départements, par le suffrage
des populations.

L'avénement du prince qui était le plus près
du trône, après le départ de Charles X et de
sa famille, nous a préservé, lors de cet anéan-
tissement du pouvoir suprême, du despotisme
violent et capricieux de la souveraineté po-
pulaire qui s'est vainement efforcée, plus tard,
dans son exaltation fanatique, de soutenir des prétentions insensées, par l'émeute et l'assassinat.

Toutefois, malgré l'entraînement naturel des
esprits vers la démocratie si habilement adulée
par ceux qui sont toujours ardents, au milieu
des crises politiques, à exploiter les chances de
nos discordes et de nos malheurs publics, le
sentiment du danger commun a bientôt averti

les intérêts et les vanités elles-mêmes, des folles exagérations des hommes ambitieux et médiocres qui se sont trahis, à la fois, par l'impuissance ou par la perversité de leurs idées, ainsi que par l'égoïsme de leurs efforts. Cette prévoyante inquiétude, généralement excitée par un besoin de tranquillité né de nos longs troubles civils, et par un instinct de conservation qui puisait une grande énergie dans l'aisance et dans la liberté dont on avait joui depuis plusieurs années, a comprimé l'invasion de la propagande révolutionnaire au dedans comme au dehors, et a maintenu la paix de la France et de l'Europe, malgré les passions et les attaques persévérantes des partis.

Mais il n'a été possible de conserver l'inappréciable bienfait du repos général, qu'au prix de 900 millions (1) de nouvelles charges extraor-

---

(1) Ressources extraordinaires de 1830 à 1838. 811,569,713 f.
(*Compte des finances de l'année* 1840, page 193.)
Avance du Trésor comprise dans la dette flottante... 88,997,665

900,567,378 f.

(*Compte des finances*, page 416, et *Rapport de la Cour des Comptes de l'année* 1839, page 111.

dinaires demandées principalement à l'impôt
direct, au capital du sol forestier et au crédit public, et qu'au détriment de notre ancien système
de dépenses et de contributions publiques qui a
été soumis, sur plusieurs points importants, aux
funestes exigences de la nécessité et de la politique du moment. Il a fallu abandonner d'utiles
entreprises commencées, ajourner des réformes
récemment préparées, et se résigner à remettre à des temps plus tranquilles les espérances du bien-être, de la sécurité générale et de
la fortune de la France.

Ce résumé fidèle et rapide a suffisamment établi que nous avons été, pendant un demi-siècle,
les témoins ou les acteurs des péripéties les plus
contraires ou les plus favorables à la destinée
de notre patrie. N'avons-nous pas, en effet,
passé, de 1790 à 1840, presque sans transition
marquée, des saturnales de l'anarchie répu-
blicaine, aux splendeurs du trône impérial;
des triomphes les plus éclatants, aux revers les
plus déplorables; du pouvoir absolu de 1805,
à la monarchie constitutionnelle de 1814; de
la domination étrangère de 1815, à l'indépendance nationale reconquise par les sacri-

fices de 1816; de la misère des peuples, jusqu'en 1818, à la richesse publique de 1829;
des nouveaux troubles intérieurs de 1830, et
de la pénurie de cette époque, au retour trop
éphémère du calme et de l'aisance générale,
vers la fin de 1837? N'étions-nous pas, dès lors,
parvenus à conjurer, par huit années de luttes
et d'efforts patriotiques, les chances menaçantes et les maux réels du dernier ébranlement
du trône? Car les partis commençaient à se
décourager de leur impuissance, la confiance
renaissait à l'intérieur et à l'extérieur, l'équilibre des ressources et des besoins ordinaires
s'était complétement rétabli, et le progrès soutenu des revenus publics annonçait déjà l'amélioration de toutes les fortunes; lorsqu'il a suffi
de huit mois d'une administration issue d'une
coalition de rivalités ambitieuses, élevée et ren-
versée de ses propres mains, dans le cours
de 1840, pour réveiller les passions révolutionnaires, pour les armer contre le repos de la capitale, pour compromettre la paix du monde par
des fautes diplomatiques et par des cris de
guerre, enfin pour ramener encore les découverts et le déficit annuel dans une situation finan-

cière où venaient à peine de se reproduire les
réserves progressives du Trésor et les excédants
de recette du budget.

C'est ainsi que le cabinet du 1ᵉʳ mars 1840
avait consommé 200 millions (1) de fonds antérieurement ménagés pour les améliorations de la
paix, et avait imprudemment engagé le Trésor
au delà de ses ressources légales, dans un excédant de dépenses de 330 millions (2), afin de
pourvoir, par urgence, et tout à la fois, à des
entreprises nouvelles de routes, de canaux, de
monuments et de fortifications, à des expéditions très-étendues pour l'occupation de l'Algérie, enfin, à des levées de troupes et à des armements démesurés sur terre et sur mer. C'était
également par la fatalité des mêmes causes, qu'a-
près toutes les précautions restrictives inspirées
à la prévoyance de l'administration du 29 octobre et à la sagesse des Chambres, pour arrêter,
autant que possible, les suites funestes d'une
aussi profonde perturbation, nous sommes restés
inévitablement grevés, sur l'exercice 1842, d'un

---

(1) *Voir* la note, page 48.
(2) *Idem*, page 48.

déficit de 116 millions (1), qui menace l'avenir d'un découvert progressif, si le Gouvernement actuel ne réussit pas bientôt, non-seulement à rétablir la balance exacte des moyens et des charges des exercices suivants, mais encore s'il ne parvient pas à se ressaisir, chaque année, jusqu'en 1847, d'un excédant de ressources ordinaires de 75 millions, à peine suffisant pour solder, sans le secours du crédit ou de l'augmentation des impôts, les 501 millions affectés par la loi du 25 juin 1841 aux dépenses extraordinaires que semblent nous commander, sans interruption, pendant ces six années, la sûreté et la prospérité matérielle du pays.

Cette déplorable conjoncture d'un découvert se grossissant d'un déficit annuel, pourrait donc élever, dans cette courte période de temps, au delà d'un milliard, les 530 millions (2) de besoins imprévus et sans gages, qui ont été déjà imposés au Trésor par la précédente administration.

Afin d'échapper à cette désastreuse conséquence, il est indispensable de reconquérir,

---

(1) *Voir* la loi du 25 juin 1841 qui a fixé le budget de 1842 avec un déficit de 115,804, 934.

(2) *Voir* la note page 2.

dès 1843, près de 125 millions (1) de ressources
ordinaires, par des économies judicieusement
appliquées, ou par des accroissements de revenus
demandés à la fois à la prospérité générale et à
un meilleur système de contributions publiques;
c'est seulement à l'aide de ces améliorations et
de ces réformes qu'il deviendra possible de combler le déficit annuel, de reconstituer la réserve
de l'amortissement applicable à l'exécution des
grands travaux publics ou à l'extinction des
nouveaux découverts du Trésor, et de ne pas
recourir, pour toutes les fautes précédentes, jusqu'en 1847, à la voie dispendieuse des emprunts.

Voilà notre véritable situation financière, qui
n'est plus aujourd'hui presque désespérée et telle
qu'elle avait été remise au ministère du 29 octobre 1840, mais telle qu'elle s'est améliorée

---

(1) Déficit du budget de 1842........  115,804,934 fr.
Réserve probable de l'amortissement à
déduire.........................  65,000,000

Excédant du déficit à couvrir........  50,804,934
Travaux publics extraordinaires à
ajouter.........................  75,000,000

ENSEMBLE........  125,804,934 fr.

depuis cette époque, par le rétablissement de
l'ordre intérieur, par la reprise de nos bonnes
relations avec les puissances étrangères, par le
retour du crédit public, par la progression croissante des produits du budget et par les retranchements considérables qui ont été faits pendant
la dernière session législative, sur les engagements et sur les entreprises du système belligé-
rant où nous avait si précipitamment entraîné le
cabinet antérieur.

Pour que cette dure leçon du passé nous
éclaire et nous fortifie dans la direction future
des affaires publiques, ne cherchons pas à nous
dissimuler les maux et les dangers accumulés en
si peu de temps sur la fortune de la France, et
ne mesurons pas, avec insouciance, leur étendue
et leur gravité sur la promptitude et sur la facilité de leur réparation. On encouragerait, à l'a-
venir, une administration imprévoyante ou présomptueuse à ne ménager ni les forces, ni la
richesse du pays, en ne réglant pas assez sérieusement les comptes des fautes commises ou des
désordres suscités, et en montrant toujours plus
de dévouement et de générosité pour rétablir
l'équilibre politique et financier, que des minis-

tres éphémères n'auraient mis d'incurie et d'imprudence à le déranger.

Tout homme public semble être voué, en
France, à l'interminable tâche de sauver de sa
chute le char de l'État, qui retombe et se relève
sans cesse, comme le rocher de la fable. Il est aujourd'hui du devoir d'un bon Français d'apporter
le tribut de son zèle et de ses efforts, pour le faire
sortir entièrement de la route périlleuse dans laquelle il allait se briser, et pour lui faire reprendre
une course facile et sûre vers la prospérité générale. Profondément pénétré de cette obligation
patriotique, j'ai déjà publiquement expliqué mon
opinion sur les difficultés qui nous pressent et
sur quelques-unes des mesures qu'il me paraîtrait urgent d'y opposer ; mais je crois qu'il sera
utile d'insister encore et de présenter de nouveaux développements à l'appui de mes précédentes propositions, en les fortifiant de quelques
moyens complémentaires. Je me renfermerai,
d'ailleurs, pour ce dernier travail, dans la carrière spéciale que j'ai explorée par de longues
études, et je ne traiterai avec détail que des
questions de finances et d'économie politique.

# CHAPITRE II.

## DÉPENSES PUBLIQUES.

Je commencerai cette discussion nouvelle et plus approfondie des ressources et des besoins de l'avenir, par une appréciation raisonnée des charges qui composent le budget des dépenses de l'État.

En jetant les yeux sur ce prospectus général des services annuels, en parcourant avec attention les tableaux nombreux et méthodiques qui en font connaître les moindres détails, en lisant les exposés lumineux qui expliquent l'objet et le but de chaque crédit législatif, on rend un juste hommage à l'esprit d'analyse et à la clarté d'expression que la publicité de nos débats constitutionnels ont introduits dans les formes de la comptabilité française ; mais on se fait, en même temps, cette question embarrassante : Avons-nous un système national de dépenses publiques ? La réponse est évidemment négative, car elle

dérive nécessairement de cette seconde question,
tout aussi indiscrète que la première : Avons-
nous eu, depuis cinquante ans, le temps, l'occasion, ou même la volonté d'arrêter le plan d'un
gouvernement stable et régulier? Nous luttons
à présent, comme aux débuts de nos révolutions, contre les difficultés renaissantes du moment; nous acceptons, presqu'au hasard, mais
provisoirement, des combinaisons plus ou moins
applicables aux circonstances, et nous traver-
sons, sans réfléchir et sans nous fixer, les vicissitudes politiques et administratives d'un régime
perpétuellement transitoire, en attendant toujours que nos hommes d'État aient acquis de l'expérience et des convictions, et que le peuple ait
retrouvé de la foi dans ses institutions et de la
constance dans ses vœux.

Nous sommes donc contraint d'accepter l'état
des choses comme un fait actuel soumis à toutes
les éventualités de l'avenir, mais sans le discuter
dans son ensemble ni dans une pensée générale
d'organisation, et de suivre des divisions consa-
crées par l'usage, qui n'ont point été marquées
d'avance par une vue supérieure sagement appliquée dans toutes ses conséquences.

Si nous parvenons un jour à fonder, sur des mœurs politiques plus durables et sur les véritables intérêts du pays, une meilleure distribution de ses richesses, habilement calculée d'après le degré d'importance et de nécessité de chacun des services de l'État, nous demanderions à celui qui dirigerait alors les conseils de la Couronne, de tracer un tableau complet et raisonné de toute l'administration du pays, et d'expliquer, de sa sphère élevée, les principes généraux et les grands desseins qui en déterminent les proportions inégales ; cette sorte de frontispice du budget le rendrait plus imposant à tous les yeux, et justifierait, avec plus d'évidence, les sacrifices tutélaires et générateurs qu'il commande à notre patriotisme.

Ce programme solennel de la marche du Gouvernement, de la carrière qu'il se propose de parcourir, et de la destinée qu'il nous prépare, répandrait un jour plus éclatant sur ses intentions et sur ses œuvres, permettrait à tous les esprits de mieux comprendre ses idées, associerait davantage les différentes classes de la société à ses efforts pour le bien public, et poserait la base première d'une éducation constitutionnelle, que les formes mobiles et souvent trompeuses des pouvoirs successifs de la France ont toujours interrompue ou égarée, tandis qu'elle est parvenue en Angleterre, après deux siècles d'études positives, au plus haut degré de lumière et d'universalité.

A défaut de ce fil conducteur pour l'exploration politique de l'homme d'État, dans les chiffres muets du beau travail arithmétique que nous appelons le Budget des Dépenses, je traiterai séparément, l'une après l'autre, et par ordre de matières, chacune de ses parties principales, et j'indiquerai, autant que cette tâche ne s'élèvera pas au-dessus de mes forces, non-seulement les modifications qui me sembleraient applicables à la nature spéciale de telle ou telle branche d'administration, mais j'essaierai encore d'indiquer le rang et l'espace que chaque service public me paraîtrait avoir le droit d'occuper dans ce cadre général de notre organisation constitutionnelle.

## DETTE PUBLIQUE.

Dette publique.

La dette publique prend elle-même sa place dans le budget de l'État; elle s'y inscrit la première, en tête de tous les engagements, comme la plus étroite des obligations du pouvoir, comme la plus respectable des créances, comme un dépôt sacré de la confiance générale, comme la cause et l'effet de cette nouvelle puissance nationale, du crédit public qui multiplie les dons de la paix, qui accroît rapidement les forces de la guerre, et qui, selon son étendue, assigne à chaque peuple une position inférieure ou prépondérante dans les congrès de l'univers.

Nous ne répèterons pas ici les détails étendus que nous avons déjà donnés sur l'origine et sur les variations de la dette publique, dans un ouvrage que nous avons publié en 1840, pour exposer le *Système financier de la France;* nous nous bornerons maintenant à rappeler les différentes parties dont elle se compose et à provoquer les améliorations et les mesures de libération qui nous paraîtront les plus propres à en alléger le fardeau; enfin, nous indiquerons les causes naturelles d'extinction de droits qui doivent concourir à sa réduction successive. Nous chercherons ainsi à apprécier à leur juste valeur, pour le présent et pour l'avenir, les sacrifices que nous imposent en même temps le respect et le besoin de la foi publique.

Cette section principale du budget comprend :
la dette fondée en rentes constituées sur le grand-
livre, au profit des créanciers de l'État, celles
qui appartiennent à l'amortissement et qui se
réunissent, avec la même destination, au crédit
législatif de sa dotation ; on y trouve ensuite les
fonds affectés au paiement annuel des intérêts :
1°. des capitaux empruntés pour plusieurs entreprises des ponts et chaussées ; 2°. des cautionnements déposés par les titulaires d'offices civils ;
3°. des avances et des découverts qui ont créé la
dette flottante du Trésor. Ce grand service se
complète, en définitive, par la dette viagère
proprement dite, et par les pensions de tous les
serviteurs du Gouvernement.

Examinons successivement ces différents chapitres sous le point de vue des charges actuelles
et futures qu'ils doivent faire peser sur la fortune de la France.

### DETTE FONDÉE.

Dette fon-
dée.

La dette fondée restant à racheter ou à rembourser en 1842, consiste :

|  | ARRÉRAGES. | CAPITAUX AU PAIR. |
|---|---|---|
|  | fr. | fr. |
| En 5 pour 100...... | 134,568,692 | 2,691,373,840 |
| En 4 ½ pour 100 .... | 895,302 | 19,895,600 |
| En 4 pour 100...... | 6,539,107 | 163,477,675 |
| En 3 pour 100...... | 21,408,227 | 713,607,565 |
| TOTAL des rentes appartenant aux créanciers de l'État...... | 163,411,328 | 3,588,354,680 |

Le dernier de ces quatre fonds publics est
aujourd'hui le seul que l'élévation des cours ne
nous défende pas de réduire par l'action libéra-
toire de l'amortissement, puisqu'il se maintient
et semble devoir rester longtemps au-dessous du
pair; nous pourrions donc, d'après les données
exactes du calcul, éteindre cette portion de
notre dette par des rachats journaliers sur la
place, dans l'espace de dix-huit années, en évaluant, par aperçu, le taux moyen du 3 pour 100,
pendant cette période de temps, à 81 fr., et en
lui conservant toutes les ressources qui lui sont
affectées par la loi. Nous verrions ainsi décroître

le crédit actuel de ces arrérages, par une progression géométrique dont le premier terme
serait, en 1843, de 874,000 fr., et le dernier, de
la totalité de l'allocation de 21,408,227 fr., votée
pour 1842.

Le 4 pour 100, montant à 6,539,107 francs,
n'est pas dans la même situation que le fonds
dont nous venons de prévoir l'extinction conti-
nue jusqu'en 1860; il peut passer, d'après les
vicissitudes de notre avenir, d'un cours tour à
tour inférieur et supérieur au pair; cette alter-
native de hausse et de baisse qui le rendra tantôt décroissant et tantôt immobile, nous em-
pêche de déterminer, dès à présent, l'époque où
il serait définitivement rayé des dépenses de
l'État; mais elle nous laisse néanmoins espérer
une diminution successive, quoique beaucoup
moins rapide que celle du 3 pour 100, qui allé-
gera graduellement les années pendant lesquelles
ce dernier fonds doit disparaître entièrement du
budget par l'action plus régulière de son amortissement spécial.

Le 4 $\frac{1}{2}$, qui n'existe aujourd'hui que dans un
petit nombre de mains, pour la faible somme
de 895,302 fr., a dépassé le pair, et ne descen-

dra vraisemblablement plus au-dessous de ce taux, qui lui sera désormais assuré par le repos de la France ; il est donc soumis au remboursement intégral par la loi même de sa création, qui a autorisé cette mesure après les dix années de jouissance dont le terme est expiré en 1835.

Le 5 pour 100 est également arrêté dans sa décroissance par la loi du 10 juin 1833, qui interdit avec raison le rachat des effets publics, parvenus au-dessus du pair de 100 fr., et qui laissera l'État débiteur de 134,568,692 fr. en arrérages, et de 2,691,373,840 fr. en capital, jusqu'à ce qu'il ait atténué cet article important de son passif par le remboursement total ou partiel de cette dernière somme, ou par la conversion des rentes servies au taux de 5 pour 100 en nouvelles inscriptions d'un intérêt moins élevé.

Je dois renvoyer encore aux développements que j'ai donnés dans le second livre de mon travail sur le *Système financier de la France* (1), pour établir la démonstration du droit de l'État de rembourser toutes ses rentes au pair, pour

---

(1) *Système financier de la France*, tome I, livre 2, pages 116 à 238.

fixer l'opportunité politique et financière de ce remboursement ou plutôt de cet échange de titres avec diminution d'intérêts, enfin pour indiquer les principes, les formes et les procédés de cette grande opération de crédit public déjà généralement exécutée par les divers gouvernements de l'Europe. Je ne rouvrirai point ici cette longue discussion, qui ne se rattache qu'indirectement à la question spéciale de la quotité plus ou moins élevée des charges de la dette fondée.

Je me résigne d'ailleurs à accepter, sans espérance de modification très-prochaine, les crédits ouverts en 1842 aux divers fonds dont le cours excède le pair; mais je n'attendrais pas plus de trois ou quatre années d'une administration prudente et réparatrice, sans presser le Gouvernement de reprendre cette question si profondément élaborée par tous les pouvoirs, et si souvent soumise aux délibérations des Chambres législatives.

Je conserve toujours à ce sujet mon ancienne conviction, fortifiée sur tous les points par la lumière des débats publics, c'est qu'en offrant, dans des circonstances favorables, à tous les porteurs du 5 pour 100 un remboursement intégral et spontané, ou une conversion au pair et sans accroissement de capital de leurs titres antérieurs, contre du 4 ½ et du 4 pour 100, avec une jouissance assurée pendant un certain nombre d'années, ou contre du 3 ½ au prix minimum de 90 fr., et surtout en ne leur proposant ces différentes conditions qu'après l'épreuve d'une adjudication publique de rentes destinée à fixer leur valeur incontestable, c'est-à-dire le taux réel des emprunts de l'État, on parviendrait à réaliser, sans obstacle, une économie annuelle de près de 20 millions (1) sur les crédits actuels, et à donner, pour l'avenir, des gages plus certains à la sécurité des nouveaux prêteurs, comme à celle des anciens créanciers qui se seraient reconstitués sur le grand-livre de la dette publique.

Cette dernière réduction ajoutée aux diminutions progressives qui auraient été obtenues par l'amortissement sur le 3 pour 100 élèverait, dans l'espace de dix-huit années, à près de

---

(1) *Système financier*, pages 228 et 229 du tome I, livre 2.

42 millions de rentes les retranchements que la prospérité publique, habilement dirigée, pourrait réaliser sur les engagements des temps difficiles, et ferait descendre à 121 millions en intérêts la dette fondée, qu'il me paraît indispensable de réserver, sur notre place, aux capitalistes français et étrangers, afin de conserver l'emploi, dans notre patrie, des fonds libres, qui chercheront de préférence ce genre de placement, au dedans ou au dehors, parce qu'il est ordinairement le plus commode et le plus solide. Il importe de ne pas trop affaiblir cette source de subsides volontaires qui alimente sans cesse la puissante richesse du crédit public.

Je ne craindrais même pas d'élever un jour par des dépenses productives et nationales, et de maintenir habituellement au maximum de 160 millions de rentes, les pages ouvertes, dans le grand-livre, aux communes, aux établissements publics et aux fortunes mobilières des familles qui veulent s'attacher à la destinée de l'État par les liens de la confiance et du patriotisme.

On reconnaîtra que cette fixation approximative d'une dette permanente est très-modérée, et répond à peine à tous les besoins du pays, puisqu'elle ne représenterait pas aujourd'hui le sixième des produits du budget, qu'elle serait inférieure à la quotité relative de la dette publique, dans la plupart des États de l'Europe, et surtout à celle de l'Angleterre, dont les fonds consolidés sont encore de 7 à 800 millions d'arrérages, devant un revenu qui s'élève à peu près à 2 milliards 200 millions; enfin, que les diverses institutions locales et administratives de la France possèdent déjà plus de 40 millions de rentes, et ne laisseraient pas même, dans notre hypothèse, 120 millions d'effets publics à la disposition des particuliers. Je n'avais évalué, par mes précédents écrits, qu'à cette dernière somme de 120 millions le maximum des rentes à conserver dans notre système général de finances; mais l'accroissement graduel de la richesse nationale et des fonds libres des communes, des hospices, et des autres établissements publics, m'engage à le porter désormais à 160 millions.

## AMORTISSEMENT.

Les lois du 28 avril 1816, 25 mars 1817 et 10 juin 1833, constitutives de l'amortissement, lui ont attribué une dotation annuelle de 44,616,463 fr., dont le rapport avec le capital à éteindre est à peu près de 1 pour 100; les rentes acquises et progressivement ajoutées à cette puissance primitive de libération sont évaluées, par le crédit ouvert pour l'exercice 1842, à 45,562,499 fr., et portent le total général de cette prévoyante allocation du budget à 90,178,962 fr., c'est-à-dire au taux moyen de 2 pour 100 avec la masse de la dette fondée restant encore à la charge de la France. La loi du 10 juin 1833 qui a réglé notre système actuel d'amortissement a ordonné la répartition de ces ressources spéciales entre les différents fonds publics, en proportion de leur importance respective, et l'a fixée de la manière suivante :

| | 3 p. 100. | 4 p. 100. | 4 ½ p. 100. | 5 p. 100. | TOTAL. |
|---|---|---|---|---|---|
| | fr. | fr. | fr. | fr. | fr. |
| Dotation . . . . . . | 11,512,991 | 821,439 | 246,254 | 32,035,779 | 44,616,463 |
| Rentes affectées. | 11,345,458 | 853,495 | 260,014 | 33,103,532 | 45,562,499 (1) |
| Totaux . . . . . | 22,858,449 | 1,674,934 | 506,268 | 65,139,311 | 90,178,962 |
| Réserve probable (maximum). . . | | | 67,320,513 | | |

Dans la suppositition devenue si voisine de la certitude depuis quelques mois, où les trois derniers fonds ci-dessus énoncés se maintiendraient en 1842, au-dessus du pair, et où le 3 p. 100, nécessairement arrêté au-dessous du cours de 100 fr. réclamerait seul l'application des 22,858,449 fr. qui lui sont affectés, le Trésor réaliserait une réserve effective de 67,320,513 fr. Cette ressource éventuelle a été déjà destinée, par la der-

---

(1) Ces rentes sont inscrites au grand-livre dans les comptes des fonds ci-après :

Savoir : 3 pour 100... 16,921,955 f.
4 pour 100... 15,968,268
4 ½ pour 100.. 131,298
5 pour 100... 12,540,978

} 45,562,499 fr.

nière loi de finances, à atténuer, jusqu'à due concurrence, le déficit du budget qui, nonobstant cette compensation importante, semblerait devoir ressortir encore, pour 50 millions, de la balance des recettes et des dépenses de l'État, si le Ministère du 29 octobre ne parvenait pas à se préserver, avant le règlement de cet exercice, d'une aussi déplorable suite de la politique précédente.

Toutefois, nous nous efforcerons de démontrer, dans le cours de cet examen, qu'il sera possible au Gouvernement de réparer assez promptement cette brèche dangereuse faite à notre édifice national, par un retour sincère et complet au régime d'ordre, de paix et de civilisation dont nous n'aurions jamais dû nous écarter.

Lorsque les finances d'un Gouvernement sont dans une situation régulière, les fonds réservés à l'amortissement représentent des ressources restées disponibles sur les produits du budget, après que tous les autres services de l'État ont été complétement assurés. La Grande-Bretagne, que l'on cite, avec raison, comme la terre classique du crédit, n'a presque jamais affecté à cette destination spéciale que l'excédant éventuel de ses recettes annuelles, sans être arrêtée par aucun scrupule, pour détourner ensuite cette réserve incertaine au profit de tous les besoins imprévus qui lui paraissaient plus pressés et plus obligatoires que la réduction de son énorme dette.

Cependant la nécessité de reconquérir la confiance, après l'avoir trop souvent perdue par des banqueroutes désastreuses encore présentes à la mémoire des capitalistes, nous a conduits à constituer notre amortissement d'une manière plus solide, et à le rendre, pour ainsi dire, inviolable, au milieu même des nécessités publiques les plus impérieuses.

Toute création de rentes exige, en France, une allocation proportionnelle d'un pour 100 pour l'extinction des fonds empruntés, et aucun obstacle ne peut arrêter l'action journalière des rachats, jusqu'à ce que ces mêmes rentes aient atteint le pair de 100 fr. ; c'est seulement alors que se forme une réserve des fonds non employés, dont la ressource disponible peut être appliquée à d'autres destinations, mais sous la condition expresse de conserver encore à l'amortissement son accumulation de capital et sa puissance progressive de revenu, en consolidant, à son profit, sur le grand-livre, une somme équivalente de nouvelles inscriptions. Notre amortissement remplit donc en quelque sorte l'office d'un prêteur ordinaire, vis-à-vis du Trésor, qui échange ses économies contre des effets publics, et il conserve, comme tout autre propriétaire de ces valeurs, la faculté d'en réaliser le montant sur la place, si le fonds public auquel appartenaient ces économies spéciales, redescend au-dessous du pair et redevient aussitôt rachetable.

On a quelquefois reproché à ce système d'augmenter, sans motif, les besoins annuels de la dette, de créer des stagnations de numéraire dans les caisses du Trésor, et de nous entraîner, avec ses fonds libres, à des entreprises dispendieuses et exagérées.

Cependant il a eu pour effet de nous ménager sur chaque exercice un fonds de prévoyance, de laisser intacte la ressource affectée par les lois au remboursement et au soutien des effets publics, et de garder à l'amortissement toute son énergie, pour les jours de baisse, pendant les moments de hausse qui arrêtent son application. Il a préparé aussi, depuis quelques années, une

épargne considérable et non interrompue qui a
servi de contre-poids aux excédants de dépense
des budgets avec toute la force attachée à l'accroissement du capital, par l'intérêt composé,
c'est-à-dire avec une puissance qui n'a pas même
été suffisante pour neutraliser les résultats de
l'imprévoyance des ordonnateurs.

Cette combinaison favorable au crédit public,
par l'observation religieuse des engagements
pris envers les créanciers de l'État, nous a récemment procuré 200 millions (1) de ressources
extraordinaires, pour couvrir une partie des déficit créés sur les trois derniers exercices; elle
nous offre encore aujourd'hui un précieux moyen
de compensation pour absorber graduellement
le surplus du découvert de 530 millions (2) qui
vient de grever la situation des finances, et elle
rouvrira sans doute à notre avenir la source la
plus féconde pour les améliorations de la paix.

Il est à remarquer d'ailleurs que la législature
peut toujours arrêter, par une décision exceptionnelle, la trop grande extension des crédits

(1) *Voir* la note page 48.
(2) *Idem*, page 48.

ouverts à l'amortissement, au moyen de l'annulation d'une portion de ses rentes ; mesure de
prudence qui a déjà été ordonnée en 1833, pour
rétablir l'équilibre du budget. Il n'y a donc rien
d'absolu, ni d'excessif dans le régime d'amortissement consacré depuis neuf années par
l'adhésion de tous les pouvoirs, puisqu'il porte
en lui-même un remède aussi facile contre les
dangers éventuels de son exagération.

## INTÉRÊTS, PRIMES ET AMORTISSEMENT DES EMPRUNTS FAITS POUR DIVERS TRAVAUX PUBLICS.

Intérêts,
primes et
amortisse-
mentdes m-
prunts faits
pour divers
travaux pu-
blics.

Des emprunts ont été contractés en 1820 à
des conditions onéreuses qui accusent l'inferio-
rité du crédit de la France au début de la nouvelle ère de bonne foi de son Gouvernement ;
mais quelle qu'ait été l'étendue de ces sacrifices,
on ne saurait en regretter les conséquences,
puisqu'ils ont servi à ouvrir la carrière des
grandes entreprises de travaux publics, avec les
secours de la confiance et de l'esprit d'association.

Les capitaux versés par des compagnies pour
des constructions de canaux, de ponts, et pour
divers travaux publics, se sont élevés à la somme

de 145,780,000 fr., sur laquelle l'État s'est déjà libéré, par des remboursements effectifs ou par des concessions de droits, de 27 millions; il reste encore débiteur de plus de 118 millions, qui, d'après les clauses des contrats passés avec les adjudicataires, ne pourront être entièrement soldés qu'en 1869.

Les frais inhérents à ces emprunts exigeront, chaque année, une allocation législative de plus de 10 millions, dont la décroissance ne commencera qu'en 1847, et procurera une économie annuelle et progressive sur les crédits, jusqu'à l'extinction complète de cette charge extraordinaire du budget (1).

Nous renouvelons ici les vœux que nous avons déjà exprimés plusieurs fois pour que le pays puisse enfin recueillir les fruits de ces entreprises si chèrement commencées, en rachetant le plus tôt possible, des deniers du Trésor, les droits des soumissionnaires particuliers, qui ont, en quelque sorte, fermé ces nouvelles voies de communication, par les entraves trop habituelles de l'intérêt privé et par des péages exorbitants.

---

(1) *Compte général des finances de l'année* 1840, p. 466

Ces secondes avances féconderaient les premières qui resteront aussi stériles que dispendieuses, jusqu'au jour où ces propriétés nationales, mal à propos concédées à des particuliers, seront entièrement restituées au domaine public et à la jouissance commune.

## CAUTIONNEMENT.

Caution-
nement.

Les dépôts faits dans les caisses du Trésor, pour la garantie de la gestion des titulaires d'offices sujets à cautionnement, ont été appliqués, en exécution des lois de finances, aux dépenses publiques de nos anciens budgets, et constituent aujourd'hui l'État débiteur de 234,250,000 fr. en capital, et de 9,250,000 fr. en intérêts à 4 pour 100.

La suppression de certaines fonctions soumises à cette charge spéciale pourrait seule amener une diminution naturelle dans cette branche de la dette inscrite, et obliger le Gouvernement à prélever sur ses revenus la valeur de ces restitutions partielles. Mais on ne saurait cependant considérer ces dépôts comme des créances exigibles; elles n'imposent réellement au budget d'autre sacrifice que le paiement an-

nuel des arrérages, puisque ces gages matériels
se renouvellent sans cesse, comme les titulaires
qui les fournissent, et doivent se conserver dans
les mains de l'administration des finances aussi
longtemps que se maintiendront les emplois qui
y sont assujettis.

Ces engagements exceptionnels sont d'ailleurs
indépendants et tout à fait séparés des autres
effets publics; leur existence ne se manifeste en
aucune manière dans les négociations de la Bourse,
et n'exerce aucune influence sur les oscillations
du crédit. Il ne paraît donc pas nécessaire de demander à la France la provision d'un remboursement aussi considérable, de la priver, en aucun
temps, de la possession d'une ressource aussi
importante pour la soulager d'un fardeau dont
elle ne sentira jamais la pesanteur, et qui ne là
grèvera pas même dans les jours difficiles aux
yeux clairvoyants de ses prêteurs.

La seule amélioration que l'on puisse un jour
appliquer à cette branche spéciale du service de
la dette, serait d'inscrire définitivement sur le
grand-livre des rentes de l'État et de convertir
en 4 pour 100 consolidés, aussitôt que ce dernier fonds aurait atteint le pair, le capital de

231 millions égal au montant des inscriptions actuelles de cautionnement. On ferait rentrer ainsi, dans le mécanisme simple et rapide des transferts et des mutations de tous les effets publics, les versements et les remboursements de fonds qui compliquent aujourd'hui les mouvements des caisses et des écritures du Trésor, à chaque changement de titulaires d'offices cautionnés. Nous insistons, en conséquence, pour l'exécution future de cette mesure d'ordre, que nous avons déjà recommandée plusieurs fois à l'attention du Gouvernement, et qui a été proposée dans un Rapport présenté au Roi par le Ministre des finances, le 15 mars 1830. Nous classons enfin parmi les dettes permanentes les 9 millions d'intérêts affectés par la loi de finances de 1842, au chapitre des cautionnements.

## INTÉRÊTS DE LA DETTE FLOTTANTE DU TRÉSOR.

Intérêts de la dette flottante du Trésor. Aujourd'hui que la situation des finances se démontre et se contrôle dans toutes ses parties, sous les regards pénétrants de la censure publique, chacun connaît l'origne, l'importance et la composition de la dette flottante du Trésor.

On sait qu'elle a deux causes principales. 1°. Les
encaisses ordinaires et les avances éventuelles du
Trésor. 2°. Les découverts de divers exercices,
c'est-à-dire les excédants définitifs de paiements
des budgets soldés en déficit. Ces deux conjonctures peuvent se résumer en une seule et se confondre dans cette unique définition : les besoins
exigibles auxquels la législature n'a pas pourvu
par les ressources de l'impôt ou par des négociations de rentes, et qui sont tombés, à défaut
d'allocation du budget, à la charge du Trésor
public. Ces nécessités imprévues ont toujours
obligé l'administration spéciale des finances à
recourir, avec plus ou moins d'étendue, à des
moyens particuliers de crédit qui ont créé sa
dette flottante.

Les subsides extraordinaires qu'elle reçoit depuis longtemps, de la confiance générale, et qui
se renouvellent sans cesse à la même source, se
composent de 240 millions de fonds libres, versés en compte courant par les communes, les établissements publics, les corps de troupe, les receveurs généraux des finances et par divers autres
correspondants administratifs : cette portion permanente des voies et moyens propres au service

du Trésor, s'accroît encore d'une utile circulation de 10 millions de traites et de mandats tirés
et acquittés tour à tour par les différents comptables ; on peut donc estimer à 250 millions la
dette flottante que l'intérêt public commande
au Gouvernement d'entretenir et de conserver
au Trésor, ainsi qu'à ses clients volontaires.

On doit également évaluer à la même somme
de 250 millions les bons royaux que les capitalistes sont presque toujours disposés à échanger,
à bas prix, contre les réserves de leurs économies, lorsque la situation des finances conseille
une semblable émission de valeurs à terme. Cette
proportion ne dépasse pas, en effet, la mesure
des ressources ordinairement disponibles sur la
place, surtout depuis que le ralentissement des
entreprises industrielles et le progrès soutenu de
l'institution bienfaisante des caisses d'épargne
ont donné plus de développement et de faveur
à ce genre de placement.

L'Angleterre a souvent porté la circulation de
ces valeurs de trésorerie à plus d'un milliard, et
nous l'avons élevée nous-mêmes, dans des circonstances difficiles, à plus de 200 millions.

Ce ne serait donc pas trop présumer de la

puissance du crédit de notre administration des finances que de lui demander aujourd'hui de soutenir, par ses comptes courants et par ses effets à payer, une dette flottante de 500 millions.

Examinons maintenant quelles seront les charges qui pourront peser sur elle en 1842.

Le service journalier de toutes les caisses publiques exigera une présence habituelle de fonds monétaires, dans les mains des receveurs et des payeurs, de près de 200 millions (1), qui ne pourra s'alimenter par l'excédant probable des produits réalisés sur les paiements effectués, pour l'exécution des lois de finances, que jusqu'à concurrence de la moitié de cette somme, et qui laissera éventuellement, sans provision législative, une insuffisance de recette de 100 millions à couvrir par les voies et moyens ordinaires du Trésor :

---

(1) Cette réserve de caisse ne paraîtra pas exagérée, si l'on considère qu'elle comprendra ordinairement 60 millions de valeurs de portefeuille, et qu'elle doit offrir dans tous les temps une provision assurée, non-seulement pour tous les services du budget, mais encore pour les remboursements inopinés des caisses d'épargne.

Ci. . . . . . . . . . . . . . . . . . . . . . . . . . . . . . . 100,000,000 f.
Ce premier fardeau s'aggra-
vera encore d'un déficit an-
térieur au 1ᵉʳ avril 1814, de  87,000,000 f.
De celui qui s'est formé de-
puis cette époque jusqu'en
1830, ci. . . . . . . . . . . .  80,000,000
De ceux qui se sont défini-
tivement dégagés des bud-
gets de 1830 et 1832. . . .  89,000,000

       Ensemble. . .  256,000,000

Enfin des trois découverts
qui viennent de ressortir
de la balance des exercices
1840, 1841 et 1842,
après la déduction de
200,000,000 de fonds
de réserve, ci. . . . . . . .  330,000,000 (1).
Total des déficit des bud-
gets . . . . . . . . . . . . . .  586,000,000 ci 586,000,000
La dette flottante pourrait donc se trouver
grevée de. . . . . . . . . . . . . . . . . . . . . . . .  686,000,000 f.

---

(1) Déficit de l'exercice 1840. . . . . . . . . . . . . . .  170,031,680 f.
                1841. . . . . . . . . . . . . . .  244,550,216
                1842. . . . . . . . . . . . . . .  115,804,934

       TOTAL des découverts. . . . . . . . . . .  530,386,830 f.

       *A déduire :*

Excédant de recettes de l'exercice
 1839. . . . . . . . . . . . . . . . . . . . . .  14,000,000 f.
Réserves de l'amortissement anté-
 rieures à 1840. . . . . . . . . . . . . . .  121,000,000  } 200,000,000 f.
Réserve de l'amortissement de
 1842 (minimum, par aperçu). .  65,000,000

---

Reste des découverts à la charge du Trésor. . . . . . .  330,386,830 f.
  (*Voir* le *Recueil des Lois de finances*, publié par le ministère,
pour la session de 1841, pages 352 à 367.)

représentant les besoins extraordinaires et imprévus à la clôture de l'exercice 1842, si le Gouvernement ne disposait pas, comme il y est autorisé, de la ressource des emprunts en rentes, ou
s'il ne parvenait pas, avant cette époque encore
éloignée, à améliorer ses revenus, et à réduire
quelques-unes des dépenses votées pendant la
dernière session législative.

Quoi qu'il en soit, nous ne porterons dans les
charges probables de ce budget que la somme
de 16 millions, qui y a été déjà prévue pour les
intérêts de la dette flottante, parce que son capital réel, nécessairement soumis à l'empire de
toutes les chances que nous venons de rappeler,
n'atteindra pas sans doute le chiffre éventuel de
686 millions, et que peut-être cette menace du
passé ne s'inscrira pas tout entière, ni dans le
passif mobile du Trésor, ni dans le grand-livre
des rentes perpétuelles.

### DETTE VIAGÈRE.

Les 3,320,000 francs qui sont encore deman- Dette via-
dés pour le service de la dette viagère en 1842, gère.
doivent s'éteindre pour plus de la moitié de cette
somme dans les dix années suivantes, et n'exige-

4

ront, au delà de cette première période de temps jusqu'en 1880, que des crédits décroissants peu considérables. On peut, en conséquence, évaluer à près de 200,000 fr. l'économie moyenne à réaliser sur chacun de ces dix exercices, et compter, pour les budgets ultérieurs, sur une annulation successive qui se soutiendra jusqu'en 1862 au taux annuel de 100,000 fr., et qui descendra ensuite lentement à son dernier terme de 2,576 fr., pour disparaître entièrement des charges publiques à l'époque probable de 1880.

## PENSIONS.

Charges temporaires.

Les pensions de l'État comprennent d'abord 5 millions de rémunérations temporaires, qui s'éteindront avec l'existence de ceux qui les ont obtenues, ou avec celle de leurs familles, en cas de réversibilité, et qui offriront, pendant à peu près dix années, une extinction approximative de 400,000 fr. par exercice. Elles se composent comme il suit en 1842 :

Pensions ecclésiastiques.................... 1,460,000 f.

des Pairs et des Sénateurs....... 720,000

des donataires ................ 1,300,000

de l'ancienne Liste civile......... 1,000,000

Récompenses nationales................. 520,000

ENSEMBLE ........... 5,000,000 f.

Viennent ensuite les charges permanentes des Charges permanentes. pensions militaires et des pensions civiles de toute nature.

Les premières, qui s'élèvent encore pour 1842 à 44,600,000 fr., éprouvent une décroissance peu sensible depuis les nouveaux avantages accordés à l'armée par la loi du 11 avril 1831, et ne descendront probablement pas au-dessous du minimum de 35 millions dans l'espace de dix à douze années, c'est-à-dire en procurant, à chaque exercice, une diminution constante, mais variable dans sa quotité, jusqu'à l'époque où la balance s'établira entre les concessions et les extinctions.

Les secondes se composent, des pensions civiles proprement dites, évaluées 1,501,728 fr. en 1842, et de près de 11 millions de subventions fournies aux caisses de retraites des différents Ministères, pour assurer le service des pensions payables sur des fonds de retenues. Les unes ne sont susceptibles que de variations indifférentes qui ne doivent pas arrêter notre attention, mais les autres exigent des explications particulières.

Depuis près de vingt ans les ressources spéciales, créées afin de subvenir aux besoins de ce

service public, sont devenues insuffisantes pour
en assurer entièrement l'exécution. L'existence
de ce déficit ne s'est révélée à la législature, par
des demandes de subsidés complémentaires, que
lorsque la plus grande partie des capitaux en
rentes formées d'économies antérieures a été
appliquée à combler annuellement le découvert progressif des caisses de retenues. On s'est
bientôt alarmé de cette nouvelle situation, on a
voulu en vérifier les causes, et on a cherché jusqu'à présent, sans succès, les moyens les plus
propres à la régulariser.

Il a été d'abord facile de reconnaître que les
voies et moyens particuliers, affectés, dans les
moments difficiles, au paiement de ces retraites
des pensionnaires civils, n'avaient eu d'autre
objet, dès l'origine de ce système de tontine viagère, que de dégréver le gouvernement d'une
portion des récompenses dues aux anciens services, et de concourir, autant que possible,
avec ces deniers privés, à la dépense nationale
la mieux fondée par les lois, par les règles de la
justice, et par l'intérêt général. L'Assemblée
constituante avait, en effet, dès le 22 août 1790,
compris, comme l'autorité publique de tous les

temps, comme l'industrie particulière, autrefois associée à l'administration des finances, que le principe de ces utiles rémunérations devait être consacré dans nos codes par une disposition expresse qui serait l'encouragement continuel, et, pour ainsi dire, la providence de tous les serviteurs de l'État.

Cependant les tributs personnels, versés par les employés des divers services, subsidiairement accrus par des parts d'amendes et par quelques produits accidentels, ont longtemps suffi pour exonérer le Trésor de toute participation dans la dépense de ces pensions de retraites. On ne s'est aperçu qu'après dix années de soulagement de cette charge publique, qu'elle devait retomber en partie sur le Gouvernement, qui n'avait pas eu d'ailleurs la prévoyance de fonder un premier capital pour les droits acquis au moment de l'ouverture des caisses de retraites, ni d'élever les retenues sur les traitements des différents fonctionnaires à un taux uniforme et suffisant; enfin qui s'est trouvé dans la nécessité de pourvoir aux exigences extraordinaires des réductions et des remaniements de personnel opérés dans l'administration depuis 1815, par suite de la simpli-

fication de ses formes ou des variations de sa
politique. Telles sont les causes auxquelles on
doit attribuer aujourd'hui la demande faite par
tous les Ministères d'un fonds de 11 millions,
qui s'ajoute à plus de 6 millions de ressources
spéciales, pour acquitter entre les mains de
60,000 familles, 17 millions de pensions exigibles.

Un cinquième projet de loi a été présenté,
pendant la dernière session, pour faire rentrer
complétement ce service spécial dans les recettes
et dans les dépenses du budget de l'État dont il
n'aurait jamais dû sortir, et pour l'y ranger
parmi les besoins de la dette publique, sous la
garantie de la foi nationale et de la surveillance
des Chambres. Nous appelons de tous nos vœux
l'adoption de cette sage mesure, qui n'est pas
moins instamment réclamée par l'intérêt sacré
des pensionnaires, que par cette loi suprême
des gouvernements, l'équité vis-à-vis de tous
et la reconnaissance envers ceux qui ont bien
servi la patrie. Toute combinaison qui tendrait
à répudier ou à éluder de pareilles obligations,
compromettrait bien plus qu'elle ne protégerait
le présent et l'avenir de la fortune publique.

Dans l'état d'incertitude où cette question importante se trouve encore suspendue, il est impossible de prévoir les accroissements ou les diminutions que le Trésor doit éprouver ultérieurement sur sa dépense actuelle : nous nous bornons, en conséquence, à en accepter l'évaluation pour 11 millions répartis comme ci-après :

| | |
|---|---:|
| Ministère de la justice......... | 130,000 fr. |
| Cultes.................... | 23,694 |
| Affaires étrangères.......... | 105,000 |
| Instruction publique......... | 280,000 |
| Intérieur............... | 248,122 |
| Agriculture et commerce....... | 11,697 |
| Travaux publics............. | 355,000 |
| Guerre................... | 534,000 |
| Marine (1)............... | Mémoire. |
| Finances (2)............. | 8,844,000 |
| TOTAL........ | 10,531,513 fr. |

(1) Ces pensions sont payées sur les fonds spéciaux de la caisse des invalides de la marine.

(2) Les fonds de subvention des Finances sont les seuls qui soient classés dans la dette publique ; ceux qui sont demandés par les autres Ministères forment des chapitres particuliers de leurs budgets respectifs.

## EMPRUNT DE 150 MILLIONS EN RENTES
### 3 POUR 100.

Emprunt
de 150 mil-
lions en ren-
tes 3 p. 100.

Au moment où je terminais cette discussion de nos engagements de toute nature, j'ai lu avec regret, dans le *Moniteur*, l'avis d'un nouvel emprunt de 150 millions dont la recette représente les deux crédits ouverts aux travaux publics extraordinaires de 1842 et de 1843. Cette déclaration officielle semble annoncer prématurément que nous serons encore privés, pendant le cours de ces deux exercices, par l'excès de nos dépenses et par l'insuffisance de nos revenus, de la disponibilité de la réserve de l'amortissement, et que nos routes, nos canaux et nos monuments pèseront très-longtemps sur nos budgets futurs, au lieu de s'acquitter, dès l'année prochaine, avec le produit de nos épargnes renaissantes. Je suis donc forcé d'inscrire, sans approuver cette onéreuse précaution, la double augmentation de 5,730,659 fr. en rentes 3 pour 100 et de 1,910,220 pour leur amortissement spécial qui va bientôt grever notre dette inscrite et peut-être retarder indirectement nos difficiles

progrès dans la réforme des dépenses extraordinaires (1).

Je suis également contraint, en remarquant
le nouveau cours de plus de 80 fr. auquel est à
présent parvenu le 3 pour 100, de regretter le
prix d'un emprunt fait intempestivement au
prix réel de 76 fr. 50 c.

### RÉCAPITULATION DE LA DETTE PUBLIQUE.

L'analyse raisonnée que nous venons de faire
des différents articles de la dette publique a
suffi pour établir sur des bases positives, qui ne
pourraient être ébranlées que par de nouvelles
secousses politiques, les conséquences naturelles
de l'action favorable du temps sur la décroissance des rentes inscrites et des charges viagères
du budget. Ainsi nous pourrions espérer annuellement ou dans une période de plusieurs exercices les améliorations suivantes.

Récapitu-
lation de
la dette pu-
blique.

_____

(1) Ordonnance royale du 18 septembre 1841.

| | DIMINUTIONS POSSIBLES. | |
|---|---|---|
| | SUR 1843. | Sur les exer-cices suivans. |
| | fr. | fr. |
| Dette fondée................... | 874,000 | 42,000,000 |
| Emprunts des travaux publics...... | Mémoire. | 10,000,000 |
| Cautionnements................. | » | » |
| Dette flottante................ | » | » |
| Dette viagère................. | 200,000 | 3,320,000 |
| Pensions temporaires............ | 400,000 | 5,000,000 |
| — militaires............. | Mémoire. | 10,000,000 |
| — civiles............... | » | » |
| — des retraites........... | » | » |
| Montant des diminutions.......... | 1,474,000 | 70,320,000 |

AUGMENTATIONS.

| | | |
|---|---|---|
| Emprunt de 150,000,000 en 3 p. 100. | 5,730,659 | |
| Amortissement spécial........... | 1,910,220 | 7,640,879 |

DOTATIONS.

Dotations. **Les trois grands pouvoirs politiques de la France exigent les allocations de fonds suivantes :**

Liste civile, Chambres des Pairs et des Députés.

| | |
|---|---|
| Liste civile................... | 14,000,000 fr. |
| Chambre des Pairs............ | 720,000 |
| Chambre des Députés.......... | 744,000 |
| Ensemble........ | 15,464,000 fr. |

Ces crédits législatifs tiennent à la constitution même de notre gouvernement, et doivent exclure toute discussion.

## LÉGION D'HONNEUR.

La Légion d'honneur réclame encore pour 1842 un fonds de subvention de 804,000 fr., qui décroît en proportion des extinctions survenues, chaque année, parmi les membres de l'Ordre rétribués, après le prélèvement des traitements complémentaires déterminés par loi du 6 juillet 1820. La progression rapide de ces vacances d'anciens titulaires amènera la suppression entière de ce chapitre dès 1846, et procurera une diminution de près de 300,000 fr. sur chacun des exercices 1843, 1844 et 1845.

On sait d'ailleurs que cette belle institution a reçu de la munificence nationale des propriétés en rentes et en autres capitaux constitués à son profit, qui lui assurent un revenu spécial et indépendant de plus de 7 millions.

Nous croyons devoir rappeler au Gouvernement les vœux et les projets qui lui ont été présentés en 1839 par la législature, et principa-

lement par la Chambre des Pairs, pour soumettre
la distribution de ces récompenses honorifiques
à des règles précises, à des contrôles sévères et
à des limites certaines. Cette importante réforme
tendait à préserver le Trésor de l'honneur des profusions et des dilapidations auxquelles celui des
finances n'est plus exposé depuis l'établissement
du nouveau système de la comptabilité publique.
Mais afin de parvenir au même but, pour ces
deux services, il était indispensable d'employer
les mêmes moyens, et de renfermer l'emploi des
nobles rémunérations de la seconde nature, dans
un chiffre infranchissable qui circonscrit déjà
celles de la première, c'est-à-dire dans un crédit
en numéraire. C'est cette nécessité, généralement reconnue, d'opposer une barrière de
finances à l'abus toujours croissant de ces décorations gratuites, qui avait conseillé à la commission de 1839, dont j'ai fait partie, la disposition suivante :

« Lorsque la subvention allouée à l'ordre de
« la Légion d'honneur, en exécution de la loi
« du 6 juillet 1820, sera éteinte, une loi déter-
« minera les traitements affectés aux différents
« grades, ainsi que le mode d'après lequel les

« titulaires de ces grades seraient appelés à en
« jouir. »

J'ai prononcé, dans la séance du 14 juin 1839,
à l'appui de cette proposition, une opinion développée (1) que je crois utile de reproduire ici, par

---

(1) « Les débats éloquents qui se sont élevés sur l'amélioration de l'ordre de la Légion d'honneur, les explications
claires et précises qui ont été données par l'auteur du projet de loi, aux applaudissements unanimes de la Chambre,
ont sans doute convaincu toutes les opinions, même les
plus opposées, que l'esprit de conservation et de prévoyance
avait dicté ses dispositions. Une impression favorable et
spontanée avait accueilli la proposition de notre honorable
collègue ; l'examen approfondi et consciencieux de votre
commission a démontré à chacun de ses membres que vos
lumières et votre patriotisme avaient judicieusement pres-
senti les heureuses conséquences de cette œuvre de bien
public. La discussion remarquable qui nous a divisés quelquefois sur les moyens d'atteindre le but indiqué, nous a
laissés d'accord sur la nécessité d'une prompte réforme de
cette grande institution.

« Sans reproduire ici les détails historiques qui vous ont
été donnés sur la création de l'Ordre, et sur les phases diverses qu'il a parcourues pour s'élever du nombre primitif de
5,000 à celui de 50,000 auquel il ne semble réduit que
par nos réclamations, qu'il me soit permis de vous faire

une citation en note, pour solliciter de nouveau

remarquer que son fondateur, dont le génie ne s'arrêtait
devant aucune barrière et ne subissait aucun joug, si ce
n'était sa volonté souveraine, s'était imposé à lui-même
des limites financières qu'il ne pouvait franchir qu'en faisant reculer devant ses aigles triomphantes les frontières
de son vaste empire, et en recevant toujours des mains de
la victoire, avec les palmes de l'honneur, les tributs nouveaux imposés aux peuples conquis. La France devait être
fière de la prodigalité de telles récompenses, et se montrer
fière encore d'accepter les engagements de cette dette nationale, quand elle est retombée sur ses enfants.

« Dans ces temps d'héroïsme et de prodiges militaires,
le nombre des décorations, parvenu jusqu'à 30,000, ne
pouvait pas en déprécier les titres ni en affaiblir le mérite.
Ce signe de l'honneur est demeuré l'un des plus grands mobiles de la puissance du gouvernement impérial; il s'est
constamment ennobli pendant cette glorieuse période, par
l'éclat de nos succès, comme par la grandeur de nos revers.
La part de tous les services rendus, de tous les dévoue-
ments patriotiques, a toujours été faite avec une réserve
prévoyante qui a permis de ne pas dépasser imprudemment la mesure de la reconnaissance publique. Les faits
antérieurs démontreront cette assertion avec évidence, si
l'on considère que les 1200 croix accordées par l'Empereur aux carrières civiles ne représentaient alors que la
27e partie de celles qui appartenaient à l'armée par droit

l'adoption des mesures d'ordre qui ont été indé-

---

de conquête, et qu'elles avaient suffi à la rémunération de ces hommes d'État qui ont fondé les plus beaux monuments de la législature et de l'administration de la France, de ces écrivains remarquables, de ces savants illustres, de ces artistes habiles qui ont immortalisé les souvenirs de cette grande époque, enfin de ces premiers patrons de l'industrie qui ont osé préparer quelques-uns des fruits de la paix au milieu même des entraves de la guerre.

« Des bornes réelles avaient donc été posées pour restreindre la distribution de ces précieuses récompenses par celui qui ne souffrait aucune contrainte, et qui n'a succombé que pour n'avoir pas respecté les limites de sa toute-puissance. Il faut reconnaître aussi que ses choix n'étaient ordinairement dictés que par le seul intérêt de son gouvernement; qu'il ne cédait à aucune influence étrangère à sa pensée, et qu'il n'obéissait qu'au jugement presque toujours éclairé des services qui lui étaient rendus et des secours qu'il se préparait. L'État tout entier se personnifie dans les souverains absolus, et leur volonté peut suffire lorsqu'elle est dirigée par le sentiment de leur propre défense, pour faire triompher l'intérêt général de l'agression persévérante des vanités et des intérêts individuels. L'indomptable volonté de l'Empereur a donc été le seul appui qui ait soutenu l'Ordre de la Légion d'honneur au milieu des débris de l'Empire, et qui l'ait transmis dans toute sa splendeur à la monarchie constitutionnelle de 1814. La

finiment ajournées, et qui rendraient à une

---

pénurie des finances et la nécessité de satisfaire aux pressantes exigences de l'ancien et du nouveau pouvoir ont entraîné la suppression provisoire des traitements d'une partie des légionnaires. Les mêmes motifs ont maintenu et développé ce genre d'extension indéfinie du nombre des membres ; principe fatal de destruction qui est inhérent à toutes les institutions humaines dépourvues de règles et de limites.

« Les inconvénients de ce régime, menacé de l'arbitraire parce qu'il était illimité, n'ont pas tardé à se manifester dans un Gouvernement où le pays, représenté par de nombreux mandataires, prend une part plus directe à l'exercice du pouvoir, où les ambitions s'éveillent dans toutes les communes et dans toutes les classes de la société, et réclament, au nom de leurs commettants, une participation plus large à la distribution des récompenses. Un système politique qui associe à l'œuvre du Gouvernement une si grande partie de la population exige des précautions plus sévères et des garanties plus fortes que celui qui réunit les éléments de la puissance publique dans les mains d'un monarque. L'administration n'opposerait qu'une résistance impuissante aux efforts multipliés de l'égoïsme déguisé sous le masque du bien public, si elle n'était pas protégée par des institutions fortes, par des contrôles indépendants, et par des limites inflexibles. Aussi tous les services de l'État, ceux du personnel comme ceux du matériel, sont aujourd'hui renfermés dans des crédits législatifs soumis au vote

grande institution nationale toute la puis-

---

des Chambres, au contrôle d'une Cour des comptes, et au règlement définitif de la loi. Toutes les exigences abusives de l'intérêt particulier se découragent et s'épuisent contre de tels moyens de défense, et les deniers du Trésor affectés à tous les besoins de la société, sont mis à l'abri des détournements et des dilapidations. Cette belle organisation de contrôles publics et de garanties nationales, qui couvre de sa protection salutaire toutes les parties de notre grande administration, ne devrait-elle pas embrasser aussi l'ordre de la Légion d'honneur? Le vote législatif qui rémunère tous les services utiles, ne devrait-il pas aussi donner l'assentiment de la France à la plus noble des récompenses, à celle dont les Français seront toujours plus avides que des deniers du Trésor? La nécessité de cette barrière infranchissable d'un crédit ouvert aux membres de l'Ordre ne se révèle-t-elle pas de la manière la plus frappante par la proportion croissante des décorations gratuitement accordées, surtout dans les carrières civiles qui n'en prenaient autrefois que la 27e partie, et qui y ont participé dans ces dernières années pour près de la moitié? D'ailleurs, sans rien préjuger sur la fixation des traitements des différents grades, il nous paraît impossible, si l'on ne veut pas continuer de porter une atteinte très-grave à l'égalité fraternelle de cet illustre corps, de maintenir indéfiniment une différence née d'un régime provisoire trop longtemps prolongé et que rien ne justifie, dans la situation de ceux qui

5

sance que lui avait imprimée son fondateur.

le composent, et de ne pas rétablir cette uniformité de
droits et de récompenses, qui est la pensée fondamentale
de cette grande institution. N'est-il pas à regretter aussi
que le nombre toujours croissant de cette Légion d'élite ait
rompu ces rapports de courtoisie, ces liens affectueux qui
réunissaient par un même sentiment de bienveillance et
par des égards réciproques le cœur du soldat et celui du
citoyen, et qui faisaient honorer le courage de l'un et le
mérite de l'autre par un salut mutuel?

« Pour rétablir cette fraternité de la valeur militaire et des
talents civils, il faut faire revivre l'égalité des conditions et
des avantages ; il faut placer le laurier de l'honneur au-dessus de la portée de l'intrigante médiocrité, et que tous les
fronts élevés se relèvent encore pour l'atteindre. Enfin, il
faut que jamais on ne puisse considérer comme un expédient un grand et noble moyen de gouvernement.

« J'ai cru devoir soumettre à la Chambre ces considérations générales au moment où elle va prononcer sur un projet de loi qui a été recommandé par une si brillante discussion à l'attention du Gouvernement, et afin de motiver
mon vote sur le dernier article qui est, à mon avis, le
plus important, parce qu'il fixe le principe des traitements
dont l'allocation législative est le plus puissant obstacle
que l'on puisse opposer à la profusion des décorations. »

## SERVICES GÉNÉRAUX DES MINISTÈRES.

Avant de commencer l'analyse et la discussion de l'organisation administrative de la France, nous croyons utile de rappeler des réclamations que nous avons reproduites dans les débats parlementaires toutes les fois que l'occasion s'en est présentée et qui tendent à obtenir un plan complet des services confiés à chaque département ministériel, à en organiser les moyens d'exécution, à en fixer le but et à en déterminer la dépense ordinaire. Cette révision générale et approfondie des services publics imposerait d'abord à tous les dépositaires du pouvoir une tâche laborieuse et difficile, mais elle abrégerait leurs travaux ultérieurs et simplifierait leurs opérations trop lentes et trop embarrassées. L'incertitude qui règne encore sur les principes et sur les vues du Gouvernement pour la plupart des combinaisons administratives, provoque d'interminables controverses sur l'ensemble et sur les détails des divers Ministères, entretient une lutte sans terme, affaiblit l'action et l'autorité du pouvoir, et peut quelquefois compromettre les

*Services généraux des Ministères.*

plus grands intérêts. Il devient chaque jour plus
pressant de mettre les institutions du pays à
l'abri de cette inquiète mobilité des esprits, de
cette continuelle divergence d'opinions qui at-
taquent sans relâche toutes les oeuvres du passé,
et de défendre, autant que possible, les choses
et les personnes, contre cette désespérante
instabilité qui menace continuellement leur
avenir.

Nous sollicitons surtout une fixité indispensable pour consolider l'existence des fonctionnaires publics qui composent les corps judiciaires,
administratifs et militaires, et nous demandons
qu'elle soit fondée par des lois spéciales reposant
sur des principes généraux qui ne seraient pas
mis en question chaque année, pendant la discussion du budget. Nous insistons également
pour que des cadres méthodiques, établis dans
de sages proportions, soit par la législature,
soit par l'administration, posent une limite pré-
cise à toutes les parties du personnel ; enfin,
pour que des règlements particuliers soumettent
les divers emplois à des conditions préalables qui
écarteraient les prétentions de la faveur et de
l'intrigue, et feraient triompher les droits des

serviteurs capables et véritablement utiles au pays. C'est à l'aide de ces mesures salutaires que le Gouvernement parviendrait à offrir un but honorable à tous les talents; et à rouvrir aux ambitions les plus légitimes des carrières qui leur ont été trop souvent fermées par les capricieuses exigences de la politique.

Il serait temps aussi de ne pas subordonner à des considérations presque toujours étrangères au but spécial de chaque branche d'administration, la répartition des attributions entre les principaux délégués de l'autorité supérieure, et d'adopter définitivement, pour les services propres à chacun des Ministères, une division de matières conforme à l'intérêt général. On éprouve une profonde inquiétude en suivant les modifications incessantes que les influences personnelles du moment font subir aux régimes antérieurement suivis, aux institutions fondées avec le temps et aux existences laborieusement acquises, afin d'introduire, dans les affaires et dans tous les postes, des hommes et des systèmes nouveaux, et de subdiviser, entre des prétentions trop nombreuses, des services jusqu'alors centralisés, mais dont on sait accroître l'importance par le

développement des travaux et des frais de leur
exécution.

· L'ordre des finances ne saurait se concilier
avec l'inconstance des principes et des vues;
nous voudrions que l'administration s'occupât
de recréer la puissance la plus favorable au repos
des esprits, celle qui règne sans contrainte et
sur tous en souveraine adoptive, l'habitude,
cette force morale qui s'empare de l'opinion des
peuples par la continuité des mêmes principes,
des mêmes agents et des mêmes moyens d'action.

Nous ne nous bornons pas, en conséquence,
à souhaiter une plus longue durée au système
général du budget, mais nous désirons aussi que
la consécration du temps s'étende à tous les
chapitres dont il se compose et qu'elle les protége, autant que possible, contre des innovations dangereuses, parce qu'elles sont ordinairement inopinées et irréfléchies. Nous adjurons
le Gouvernement de ne plus se livrer au hasard
d'une vérification législative portant sur des détails isolés et dépourvus de l'appui d'une pensée
supérieure, et d'opposer toujours à la discussion
des nombreuses fractions de ses dépenses, l'imposante combinaison d'un plan méthodique et

régulier qui se défendrait de lui-même par la
cohésion de toutes ses parties. Cette puissante
manière de fortifier le budget contre des agres-
sions naturelles qui dérivent de nos institutions
politiques, serait éminemment favorable à l'ordre
et à l'intérêt général, puisqu'elle éclairerait la
délibération des Chambres sans restreindre leur
contrôle, qu'elle préviendrait les écarts de la
critique sans arrêter les progrès du bien, et
qu'elle élèverait à la hauteur des pouvoirs législatifs le langage des débats parlementaires.

Il importe chaque jour davantage d'arrêter
des variations désordonnées, qui répandent le
trouble, non-seulement dans l'intérieur de
chaque branche d'administration, mais qui dé-
composent et dérangent aussi trop fréquemment
la distribution du pouvoir exécutif entre les
différents Ministères.

Ce remaniement habituel de l'ensemble et des
divisions principales de notre organisation administrative, menacerait de renverser le bel
édifice de gouvernement qui nous a été donné
par la plus haute pensée politique, si les bases
sur lesquelles repose ce précieux monument de
notre puissance nationale n'étaient pas conso-

idées par une loi constitutive qui fixerait inva-
riablement le partage des grands services de
l'État.

Les modifications et les déplacements de travaux survenus depuis quelques années pour di-
viser les attributions ministérielles entre un
plus grand nombre de membres du cabinet, ont
souvent rompu les liens qui unissaient autrefois les
diverses parties des grandes administrations publiques, ont presque détruit l'harmonie de l'ancien mécanisme du gouvernement, ont ralenti
la rapide unité de ses mouvements, et ont entraîné des embarras dispendieux dans le jeu plus
compliqué de ses nombreux ressorts.

Ces observations nous sont inspirées par
une étude suivie du régime variable et de la
marche incertaine des différents ministères, et
nous renouvelons ici les instances qui ont été
faites par plusieurs commissions de finances pour
obtenir un règlement législatif qui les constitue
et qui les organise définitivement.

Nous sommes fondé à croire que si le Gouvernement entrait dans cette nouvelle voie, il
y marcherait d'un pas plus assuré et qu'il ne
dépasserait pas aussi fréquemment, pour des

sommes considérables, les limites primitives des crédits. Nous ne le verrions plus demander, à chaque session législative, de nouvelles allocations de fonds, qui accusent l'imprévoyance de ses premiers calculs et qui entretiennent des difficultés continuelles avec les Chambres. Il n'aurait plus à solliciter des bills d'indemnités qui se sont élevés, depuis 1832, à plus de 60 millions par année.

Ces excédants de dépense ont imprimé presque toujours un caractère provisoire au vote du budget, qui ne permet plus de présager l'avenir de nos finances. Ces réflexions générales ne paraîtront pas trop sévères à ceux qui ont vu, pendant le cours des onze dernières années, s'élever à plus d'un milliard les crédits additionnels demandés au delà des prévisions des lois de finances, et qui ont reconnu que des exigences imprévues et sans limites dérangeaient habituellement toutes les appréciations des pouvoirs législatifs et toutes les combinaisons du Trésor.

Commençons, après cette courte digression sur les conditions principales de la bonne administration des services et de la puissance du Gouvernement, la discussion spéciale des be-

soins de chaque département ministériel. Sans
pénétrer trop profondément dans les détails des
divers chapitres de dépenses, nous nous proposons d'apprécier d'un point de vue d'ensemble et
d'un coup d'œil général les crédits qui seraient
commandés par l'intérêt public et ceux qui nous
paraîtraient exagérés, intempestifs ou même superflus.

## MINISTÈRE DE LA JUSTICE ET DES CULTES.

Justice et cultes.

La justice et les cultes sont presque entièrement placés sous le régime que nous sollicitons
pour les autres Ministères. Leurs crédits réali-
sent les conséquences d'une législation spéciale
qui a fixé l'organisation des tribunaux et celle
du clergé, et qui a déterminé définitivement le
sort des fonctionnaires de l'ordre judiciaire et
ecclésiastique. Les besoins de ces deux services
sont limités par des règles précises et mesurés à
l'avance dans tous les degrés de la hiérarchie
de l'une et de l'autre carrière, par la volonté
expresse du législateur.

Il ne nous reste à réclamer les mêmes garanties que pour le Conseil d'État, dont l'existence

devrait aussi reposer sur un texte légal qui mettrait cette institution, nécessaire à la régularité
d'action de la puissance publique, à l'abri de
toute contestation et de toute innovation dangereuse.

Nous ne proposerons donc aucune diminution
de dépense sur les moyens, si régulièrement organisés et devenus si précieux pour les populations, de faire parvenir avec promptitude et
presque sans aucun déplacement des parties, la
justice du pays dans les différents points du territoire où sa protection est réclamée.

Nous n'opposerons pas non plus l'obstacle imprévoyant de la parcimonie au devoir social
d'établir un autel et un pasteur à la proximité
des habitants de chaque commune.

Notre opinion, sous ce double rapport, se
trouve d'ailleurs pleinement confirmée par l'adhésion pure et simple que la législature accorde
annuellement à la demande des 57 millions de
crédits affectés à ces deux services, parce qu'elle
ne pourrait ni la critiquer ni la repousser sans
attaquer en même temps le système fondamental
qui leur sert de base et de justification.

## MINISTÈRE DES AFFAIRES ÉTRANGÈRES.

Affaires étrangères.

Les dépenses des affaires étrangères sont assujetties, depuis quelques années, à des principes fixes, à des conditions positives, et se trouvent renfermées, pour les traitements diplomatiques et consulaires, dans des cadres précis et restrictifs. Ce Ministère est donc également entré dès à présent dans le régime d'ordre que nous recommandons à la sollicitude du Gouvernement.

L'examen de ses divers crédits nous a conduit à reconnaître les notables économies récemment apportées dans les émoluments de la plupart des agents extérieurs, ainsi que les réductions provoquées par une comptabilité plus sévère sur les frais de service, sur les indemnités et sur les secours. Ces réformes importantes ont été sanctionnées par l'approbation des Chambres, qui n'ont pas cru devoir y donner une plus grande extension, afin de ne porter aucune atteinte à l'influence politique que la France doit conserver dans ses relations avec les puissances étrangères. Il paraît donc indispensable à la dignité et à l'intérêt du pays de maintenir à ce département ministériel les 8 millions qui lui sont alloués par le budget de l'exercice 1842.

Il n'importe pas moins à la prospérité et à la considération de la France, de voir rentrer ce Ministère dans une politique toujours loyale et noblement conciliatrice, qui s'appuie sur l'expérience des hommes et des affaires, bien plus que sur des idées nouvelles et trop entreprenantes, qui protége notre existence nationale sans troubler celle des autres peuples, et qui préfère le respect des droits acquis et la conservation des biens de la paix aux vanités des luttes aventureuses et même à leurs dangereux succès.

## MINISTÈRE DE L'INSTRUCTION PUBLIQUE.

Nous ne tenterons pas davantage, parce que cette entreprise blesserait toutes les âmes généreuses, de réduire les sacrifices progressifs que font avec raison les populations civilisées pour étendre le bienfait de l'instruction primaire à toutes les classes de la société. Nous ne saurions contrarier les efforts qui tendent à associer les positions les plus humbles aux plus nobles jouissances de l'esprit humain, et à préparer les intel-

*Instruction publique.*

ligences les moins élevées à l'œuvre providen-
tielle d'une régénération sociale. Mais nous
croyons que l'opinion publique dépasse quelquefois, en cette matière, comme en beaucoup
d'autres, le but qu'elle veut atteindre, en créant
des écoles et des instituteurs dans des lieux où la
misère des parents appelle les enfants au travail
qui les nourrit, bien plus qu'à celui qui les
éclaire.

Nous souhaiterions aussi que l'instruction se-
condaire et supérieure ne fût pas aveuglément
prodiguée par la munificence du Gouvernement
aux familles qui ne pourraient pas soutenir ce
luxe de connaissances sans perdre les avantages
d'une situation modeste, et sans rester au-dessous
des rangs plus élevés où se combattent aujour-
d'hui de trop nombreuses prétentions.

Nous voudrions surtout qu'une bonne éducation religieuse fût désormais la base de toutes
les études qui égarent si souvent notre orgueil
et notre faiblesse, lorsqu'elles ne sont dirigées
que par une stérile philosophie.

Enfin nous ne saurions contester les allocations de fonds nécessaires aux progrès des scien-
ces et des lettres et au développement de toutes

les grandes qualités de l'âme, qui améliorent et
qui ennoblissent les destinées d'un peuple. Nous
ne retrancherons en conséquence aucune partie
des 16 millions qui sont votés pour l'instruction
publique, en 1842.

## MINISTÈRE DE L'INTÉRIEUR.

Les lois des 18 mai 1837 et 10 mai 1838 qui Intérieur.
ont organisé sur de nouvelles bases l'administration des départements et des communes ont
tracé la carrière du Ministère de l'intérieur; la
police, les secours généraux, les beaux-arts et
la décoration des édifices publics qui complètent
ses attributions, échappent par la nature éventuelle de leurs dépenses à des liens d'ordre trop
étroits, et se refusent au joug d'une législation
permanente. Mais ces divers services pourraient
être régis par des principes moins variables et
profiter de toutes les précautions conseillées
par la méthode et par l'économie.

Ce département ministériel est celui auquel
s'appliquent le plus directement les considérations générales que nous avons présentées contre
le morcellement continuel du travail et de la

distribution du pouvoir. Cette section autrefois
si importante du budget de l'État a déjà été frac-
tionnée en quatre coupures distinctes, qui forment aujourd'hui autant de départements séparés, de cette grande et ancienne institution de
l'Empire (1).

Les matières spéciales qui ont longtemps
composé le bel ensemble d'attributions désigné
sous le titre de Ministère de l'intérieur, étaient
en effet celles qui touchaient le plus profondément aux intérêts locaux du pays, et qui étaient
par conséquent en butte aux exigences politiques des différentes provinces, et à l'action toujours plus puissante et plus active des conseils
généraux et des influences parlementaires. Aussi
la mobilité des opinions ne s'est pas seulement
exercée sur le système général de cette administration, elle s'est étendue à ses premiers
fonctionnaires et surtout à ses délégués extérieurs, de manière à ne permettre aucun avenir
ni aucune chance d'amélioration aux choses ni
aux personnes. Les mutations fréquentes de ces

---

(1) L'Intérieur, les Travaux publics, l'Instruction publique, l'Agriculture et le Commerce.

divers emplois ont déconcerté tous les projets des administrateurs et toutes les espérances des populations.

Nous n'examinerons pas, à ce sujet, si les nouvelles conditions électorales sur lesquelles repose le choix des représentants actuels des diverses parties de la France ont donné plus d'indépendance et de lumières à nos assemblées délibérantes et ont mieux assuré le triomphe de l'intérêt général dans sa lutte perpétuelle contre les intérêts privés, mais nous sommes contraint de regretter que la nouvelle position de mandataire immédiat attribuée par le suffrage des habitants aux membres des conseils des départements et des communes ait trop souvent entraîné ces élus du peuple, qui ne sont pas toujours les plus imposés, à voter des entreprises d'utilité publique dont les charges sont évidemment exorbitantes pour les contribuables, parce qu'elles portent sur des matières déjà grevées par le Trésor. Ces réflexions sont dirigées surtout contre l'accroissement des centimes additionnels extraordinaires et contre l'élévation des taxes de l'octroi relatives aux boissons et aux bestiaux qui épuisent aveuglément, par des droits

6

frappant à coups redoublés sur la propriété immobilière, les sources les plus précieuses de la richesse agricole.

Nous n'attendrons que d'un retour complet au repos des esprits et à la tranquillité intérieure la diminution des frais de la police du royaume. Nous consentirons également à accorder tous les secours que notre généreuse patrie paye chaque année aux victimes des dissensions politiques qui agitent encore plusieurs nations de l'Europe. Nous ne chercherons pas non plus à étouffer les germes de gloire et de richesse que sèment partout en France les encouragements judicieusement distribués aux beaux-arts. Nous ne contesterons pas davantage les allocations de fonds affectés à la décoration des monuments publics, pendant une ère nouvelle de renaissance pour notre architecture et de culte pour tous les grands souvenirs. Enfin nous n'avons aucune réduction à prévoir sur les anciennes dépenses fixes et ordinaires des départements, ni aucune diminution à attendre du zèle des conseils généraux pour les services acquittés par des ressources facultatives, extraordinaires ou spéciales; nous acceptons ainsi, sans la combattre, pour la somme de 96 millions, l'évaluation des crédits ouverts au Ministère de l'intérieur, sur l'exercice 1842.

## MINISTÈRE DE L'AGRICULTURE ET DU COMMERCE.

Le Ministère de l'agriculture et du commerce comprenait, au moment où il a été détaché des services de l'intérieur, la direction générale des ponts et chaussées; cette dernière portion de travail qui lui donnait presque toute son importance en a été séparée, en 1839, pour créer un autre département spécial; il ne reste donc plus désormais à cette organisation ministérielle, ainsi réduite aux plus étroites proportions, que la préparation du tarif des douanes et la distribution de quelques encouragements ou secours à l'industrie agricole et manufacturière. *Agriculture et Commerce.*

Nous ne répéterons pas à cette occasion les considérations que nous avons précédemment développées sur les difficultés et sur les embarras qui naissent pour notre système d'administration et de comptabilité de la fréquence de ces variations et de ces remaniements d'attributions qui frappent à la fois les services et les serviteurs

d'une instabilité aussi regrettable sous le point
de vue moral que dans l'ordre matériel.

Mais nous croyons devoir déclarer ici que
nous n'avons jamais pu trouver, en parcourant
le petit nombre de chapitres qui composent ce
nouveau Ministère, les éléments réels d'un ensemble d'administration, ni la véritable mission d'un ministre du Gouvernement.

Les haras, les bergeries, les subventions aux
cultivateurs et aux anciens colons, ne constituent pas à nos yeux l'influence que le pouvoir
doit exercer sur l'agriculture.

Nous n'apercevons pas non plus la haute protection qu'il appartient à l'autorité souveraine
d'accorder au commerce, dans l'entretien du
Conservatoire des métiers et des établissements
sanitaires, le contrôle des poids et mesures et
la distribution des primes de la pêche ou des
secours à l'industrie.

Enfin nous ne reconnaissons pas toute l'action
du Gouvernement sur les intérêts économiques
du pays, dans la seule pensée du tarif des douanes.

Pour accomplir une tâche aussi étendue et
aussi difficile que celle de protéger et de développer tous les moyens matériels de puissance

et de richesse nationales, ce n'est pas assez de placer dans les mains d'un homme d'État des fragments de travail empruntés à divers Ministères. Il faut élargir la base sur laquelle s'appuient ses méditations et étendre la sphère de ses idées à toutes les parties de notre système de contributions publiques.

Nous rendrions donc à la *marine* les primes de la pêche ; aux *finances,* les poids et mesures, ainsi que les secours aux contribuables ruinés par des événements fortuits ; à l'*intérieur,* les autres concessions sans importance qu'il avait faites, et nous remplacerions ce simulacre de Ministère du commerce par une grande institution qui manque à la France, et que nous avons déjà proposée sous le titre de Conseil-Général des Impôts, dans un ouvrage sur notre *Système financier.*

Dans cette combinaison nouvelle, nous consentirions volontiers, afin de conserver au Gouvernement toute la puissance de ses ressorts politiques, à réserver la présidence de ce conseil à un membre spécial du cabinet, pourvu qu'il fût assisté par un vice-président et des conseillers inamovibles.

Les études et les travaux de ce corps supérieur d'hommes éclairés et indépendants nous donneraient sans doute, comme au *bureau de commerce* établi chez nos voisins, cet esprit de suite, cette fixité de principes qui sont les premières conditions de leurs succès; nous pourrions bientôt rectifier l'inégalité des charges publiques, proportionner les divers tributs des propriétaires et des consommateurs aux facultés des redevables, ou, en d'autres termes, à la force productive de chaque matière imposable. Enfin, la plus haute pensée, le regard le plus étendu calculerait les véritables effets de la législation des droits directs et indirects demandés à toutes les classes de la société, sur les destinées de notre industrie agricole et manufacturière, de notre commerce, de notre navigation, de notre puissance maritime; enfin, sur l'avenir de la force nationale et de la fortune publique.

Nous n'examinerons pas d'ailleurs l'économie que pourrait procurer au Trésor l'adoption de cette vue d'amélioration, et nous ne modifierons pas d'avance le crédit de 12,800,000 fr., ouvert à ce Ministère sur l'exercice 1842.

### CONSIDÉRATIONS TRANSITOIRES.

Après avoir parcouru d'un coup d'œil rapide Considérations transi-
les cinq premiers départements qui ouvrent la toires.
carrière de l'administration du pays dans le
budget de l'État, arrêtons un moment notre
pensée sur la nécessité, depuis longtemps démon-
trée par l'évidence des faits et par les votes annuels des Chambres, de supporter sans aucune déduction les 190 millions (1) de crédits ordinaires
qu'ils nous demandent pour subvenir aux conditions les plus impérieuses de notre existence
nationale.

Ces besoins incontestables, qui s'ajoutent immédiatement aux obligations sacrées de la dette
inscrite et aux dotations inhérentes à notre
régime constitutionnel, imposent à la France
une dépense inévitable de 500 millions dont

---

(1) Justice et cultes,..... 57,000,000 f. 

Affaires étrangères,..... 8,000,000

Instruction publique..... 16,000,000

Intérieur,............... 96,000,000

Agriculture et Commerce. 13,000,000

Ensemble..... 190,000,000

Dotations ............. 16,000,000

Dette inscrite.......... 263,000,000

Emprunt de,.......... 5,000,000

Amortissement......... 26,000,000

(Non compris la réserve.)

fr.  500,000,000.

le montant ne pourra décroître que sous l'influence d'une constante prospérité publique, par l'extinction et par le remboursement de nos engagements perpétuels et viagers.

Ce premier aperçu des charges presque permanentes dont nous sommes contraints d'accepter le fardeau doit fortifier la résolution prévoyante que nous commande à présent la situation des finances, de faire pénétrer la réforme et l'économie dans les autres dépenses du budget qui pourraient en supporter l'application sans compromettre l'honneur ni le bien-être de la France.

Il nous serait d'ailleurs impossible, en cette conjoncture, de nous bercer des calculs d'une envieuse parcimonie qui, dans son impuissance de restreindre et de comprimer les rouages du grand mécanisme des services publics, s'attaque, sans relâche et sans mesure, aux émoluments des fonctionnaires de tous les degrés, et cherche, au préjudice de l'État, à rabaisser leur modeste existence au-dessous des conditions les moins élevées. Cette guerre aveugle et mesquine contre les hommes qui se dévouent à la carrière si peu lucrative de l'administration par de labo-

rieuses études, serait aussi stérile pour le Trésor
que dangereuse pour le Gouvernement. C'est
par la simplification et par le perfectionnement
des systèmes établis, bien plus que par une économie injuste sur les personnes, que l'on peut
procurer un véritable soulagement à la fortune
publique.

Gardons-nous aujourd'hui de frapper tout à fait
de découragement les anciens administrateurs de-
meurés, en si petit nombre, dans les postes difficiles qui n'ont point encore été envahis par les in-
trigues politiques des ambitieuses médiocrités.
Conjurons instamment tous les pouvoirs, pour le
salut de nos meilleures institutions, de ne pas ouvrir aussi largement les portes de toutes les carrières, et de ne pas en prodiguer les récompenses aux sollicitations impérieuses et parfois
menaçantes des hommes appelés par le mandat
électoral à la protection de l'intérêt de l'État.
Ces délégués de nos départements, quelle que
soit leur indépendance, pourront encourir le
soupçon de trahir la mission nationale qui leur
a été confiée, aussi longtemps que tous les
emplois publics sembleront le but et le prix de
leurs suffrages, et qu'ils jouiront eux-mêmes du

privilége de s'asseoir , sans aucune préparation
et sans aucune condition hiérarchique , aux premiers rangs de la diplomatie, de la magistrature
et de l'administration.

Un semblable désordre n'existe chez aucun
peuple régulièrement gouverné ; l'Angleterre ,
cette puissance aristocratique qui s'est soumise à
la souveraineté parlementaire, n'introduit pas les
représentants de ses Comtés dans le cœur de son
organisation administrative ; elle n'y laisse pénétrer que des serviteurs consciencieux et instruits
par l'expérience , qui s'élèvent lentement et ho-
norablement dans l'échelle des grades et qui
n'ont point à redouter la concurrence des élec-
teurs, ni celle des élus des Communes. Ces derniers ne sont jamais désignés à la Couronne par
la majorité du Parlement, que pour porter la
responsabilité des portefeuilles ministériels ,
ou pour occuper des positions politiques qui
n'exercent réellement aucune action directe sur
les affaires spéciales dont l'attribution est exclusivement réservée aux capacités formées par la
pratique et soutenues par l'émulation jusqu'au
dernier degré d'une carrière utile et bien
assurée.

Reprenons maintenant la discussion commencée sur les crédits ouverts aux besoins probables
de l'exercice 1842, et appliquons le même esprit
d'analyse et de vérification, d'abord au *ministère
des finances*, ensuite à la *guerre* et à la *marine*,
enfin aux *travaux publics*. Cet ordre de travail,
qui n'est pas tout à fait conforme à celui de la
nomenclature du budget, s'accorde beaucoup
mieux avec la marche naturelle de mes idées, et
doit en préparer plus clairement la conclusion.

## MINISTÈRE DES FINANCES.

Cette grande administration, dont nous avons **Ministère des finances.**
longtemps étudié l'organisation intérieure et ex-
térieure, s'est considérablement simplifiée dans
ses mouvements, améliorée dans ses procédés et
réformée dans ses dépenses, pendant le cours de
vingt-cinq années consécutives. Ses progrès vers
le bien ont été plusieurs fois exposés dans différentes publications (1), qui ont démontré que

---

(1) Voir le Rapport au Roi sur l'administration des
finances du 15 mars 1830, et le *Système financier de la
France*, publié en 1840, pages 13 et 14 du tome I<sup>er</sup>, et
pages 41 à 73 du tome II.

les frais ordinaires de chaque exercice avaient
été réduits de la somme de 34 millions ; que le
service était devenu partout plus rapide et plus
exact ; enfin que la comptabilité était parvenue
au plus haut degré de régularité et de contrôle.

En effet, les vingt et une divisions principales
qui étaient occupées en 1814 par les deux ministres du Trésor et des finances ont été res-
treintes aux cinq directions de la dette inscrite,
du mouvement des fonds, du contentieux, du
secrétariat et de la comptabilité générale des
finances.

L'administration spéciale des revenus publics,
qui n'entrait pas dans ce premier cadre, est maintenant confiée à huit directeurs, chargés respectivement des contributions directes, de l'enregistrement, des boissons et autres taxes
indirectes, des douanes, des forêts, des tabacs,
des postes et des monnaies.

Le Ministère des finances embrasse donc aujourd'hui quatorze subdivisions distinctes, en y
ajoutant une section centrale du personnel, placée dans le cabinet du Ministre.

Je crois avoir fait comprendre, dans un ouvrage récent (1), qu'il existe désormais un lien indestructible entre les éléments homogènes du bel ensemble de notre système financier, et qu'il est indispensable de diriger toujours vers un but commun, et dans le même esprit, toutes les combinaisons des impôts, du crédit de l'État, du service de trésorerie et de la comptabilité publique. Je n'insisterai pas davantage sur la nécessité généralement reconnue de respecter à l'avenir cette grande et féconde pensée de l'unité du Ministère actuel des finances, parce qu'elle a été conçue et sanctionnée par les hommes d'État les plus habiles et les plus dignes de la confiance des peuples; mais je demanderai, avec de nouvelles instances, que la centralisation des attributions analogues, qui s'est déjà si utilement appliquée aux divisions administratives du Trésor, et qui a si notoirement diminué leurs travaux et leurs dépenses, soit complétement réalisée, en ce qui concerne les anciennes directions générales du revenu public, placées longtemps presque en dehors du Ministère, et qui n'ont pas encore été assez appropriées à son or-

_____

(1) *Le Système financier de la France.*

ganisation générale. Dans ce but, il nous paraîtrait nécessaire d'en détacher plusieurs détails de
personnel et de matériel pour les rendre aux
autres directions spéciales, qui sont exclusivement chargées de suivre ces travaux.

Une division bien nette et bien tranchée des
services, par nature de matières, est la seule
combinaison qui puisse maintenir l'accord et la
simplicité du mécanisme d'une grande administration.

Cette règle fondamentale est la seule qui par-
vienne à détruire l'indépendance des positions
personnelles, qui range indistinctement tous les
chefs principaux, sous une autorité supérieure
qui les soumette à la surveillance immédiate du
Ministre, et qui les ramène sans cesse à son impulsion directe, sans qu'ils puissent jamais se
créer une existence isolée.

Il importerait aussi que l'administrateur suprême des finances ne restât plus séparé, comme
autrefois, des directeurs des revenus publics, par
des bureaux intermédiaires, et qu'il reçût personnellement de leurs mains, comme de ses autres collaborateurs, les portefeuilles et tous les
tributs de renseignements qui doivent fortifier

son instruction, et guider son jugement sur les questions les plus importantes pour sa propre responsabilité.

Il resterait ensuite à compléter ces mesures d'améliorations, par la formation d'un conseil des principaux chefs de service, rassemblés périodiquement, sous la présidence du Ministre, et qu'il appellerait en sa présence, afin de s'éclairer de leurs connaissances spéciales et de leur imprimer à tous une même direction. Les esprits capables de s'élever à des vues générales se grandiraient à cette nouvelle épreuve, qui mettrait également au grand jour l'insuffisance et la faiblesse.

Toutefois, nous ne nous bornerons pas à ces seules rectifications des formes actuelles de l'administration des finances. Nous croyons devoir étendre nos propositions jusqu'à la réduction du nombre encore trop considérable de ses branches principales de service. Nous persistons à penser que, nonobstant les regrettables efforts qui ont été faits, en 1841, pour constituer une direction générale des contributions directes, il devient aujourd'hui plus opportun que jamais de réunir cette section spéciale de travail à celle de l'enregistrement, et de les confier toutes les deux à une direction supérieure, qui les centraliserait sous le titre commun d'*administration des impôts directs*.

Autant nous sommes opposé à la concentration personnelle de matières essentiellement différentes qui composeraient un système isolé et tout à fait dégagé de la dépendance du Ministre, autant nous appelons, de tous nos vœux, la formation d'une seule direction, pour chaque matière spéciale, et nous nous efforçons de rassembler, dans les mêmes mains, les fragments d'attributions semblables, parce que ces fractions détachées se heurtent et se combattent presque toujours, par leur double action, lorsqu'elles se trouvent réparties et divisées entre plusieurs mandataires.

Directions générales des Contributions directes et de l'Enregistrement.

Profondément pénétré de ces principes conservateurs de l'ordre et de la bonne administration, nous n'avons vu qu'avec une sérieuse inquiétude arracher entièrement la nomination de la plupart des nombreux agents des contributions directes à la section centrale du personnel des finances, et réserver exclusivement le choix de ces préposés au seul arbitraire d'un directeur général mobile, et peut-être politique.

Nous avons été surtout très-alarmé de voir en même temps enlever à la comptabilité générale, pour les attribuer à cette nouvelle direction, la suite des écritures et de la gestion des percepteurs, même en leur qualité de trésoriers de communes et d'établissements publics, ainsi que la surveillance du recouvrement des rôles mis à la charge personnelle des receveurs généraux et particuliers des finances.

Nous nous sommes rappelé, à cette occasion, tout ce qu'avait coûté d'efforts et de persévérance l'œuvre difficile de faire converger toutes les formules de description et tous les procédés du contrôle de la recette et de la dépense, vers un point unique, où viennent se concentrer les rayons de la lumière qui éclaire le Ministre des finances, sur les différentes parties de sa grande administration. Nous avons reporté nos regards en arrière, pour sonder les embarras et les difficultés qui compliquaient et qui obscurcissaient la marche des différents services, lorsque les chefs, chargés de leur direction, tenaient eux-

mêmes le flambeau de la comptabilité et conser-
vaient la faculté de le voiler ou de l'éteindre.
Nous avons alors déploré que les deux plus
puissants instruments de l'autorité supérieure et
de la surveillance générale ( le personnel et la
comptabilité) aient été, par une aussi imprudente exception, retirés aux deux divisions cen-
trales, qui les avaient dès longtemps ressaisis, et
fussent replacés de nouveau dans les mains d'un
administrateur particulier des contributions directes.

Nous nous sommes ressouvenu que sous l'empire de cet ancien état de choses, la plus grande
confusion s'était répandue dans l'assiette de l'impôt et dans la tenue des écritures, que les rentrées étaient arriérées de plusieurs mois et généralement chargées de non-valeurs, de frais de
poursuites et de déficit aussi ruineux pour le
Trésor que pour les redevables. Nous avons
également reconnu que ces désordres invétérés
n'avaient cédé qu'à la puissance d'analyse, de
méthode et de contrôle, qui s'est étendue par
degrés, de la sommité du grand-livre de la
comptabilité des finances jusqu'aux livres élémentaires des préposés de toutes les classes, et

comme la loi inévitable d'un système général appliqué rigoureusement dans toutes ses consé-quences.

En effet, le maintien de la régularité et de la clarté dans l'exécution et la description jour-nalière de toutes les opérations financières de l'État dépend étroitement de la domination et de l'initiative d'une seule pensée, sur tous les résultats à saisir, à constater et à résumer dans leurs détails et dans leur ensemble. Aussi avons-nous vu, sous l'influence de ce nouveau régime d'ordre, les comptes des percepteurs constam-ment à jour, les non-valeurs et les débets sup-primés, les poursuites considérablement dimi-nuées et enfin le recouvrement opéré par douzième, sans aucune plainte du public, et sans autre stimulant que la responsabilité des receveurs généraux et particuliers des finances.

Une ligne de démarcation s'était dès lors profondément tracée entre ces divers agents de la perception des rôles et ceux qui étaient chargés de les établir ; aujourd'hui, au con-traire, on ne réclame plus seulement le con-cours accidentel et officieux des percepteurs pour la recherche des mutations, on constitue

ces comptables les préposés immédiats de la
direction des contributions directes et on les
appelle concurremment avec les contrôleurs
à découvrir et à constater la matière imposable
comme une source de bénéfices d'où découlera
le produit de leurs remises (1). Sans parler de la
mesure exceptionnelle qui vient de briser en
plusieurs fractions la précieuse unité du rôle de
chaque exercice, ni des conflits d'autorité devenus inévitables entre les comptables supérieurs
qui répondent de leurs subordonnés, et les agents
des contributions qui peuvent en disposer sans
réserve pour leur propre service, on est frappé
de tout ce que présente d'incompatible et d'impolitique le cumul si dangereux pour des droits
si fréquemment contestés de ces doubles fonctions fiscales qui confondent l'assiette avec la
perception des impôts.

Les indications sommaires que nous venons
de livrer aux réflexions impartiales, montrent
évidemment que les modifications récentes ap-

---

(1) Voir l'Instruction adressée aux receveurs généraux
des finances le 19 avril 1841.

portées à la direction des contributions directes
tendent à nous ramener vers un régime funeste,
réformé depuis vingt-cinq années par l'expérience des anciens administrateurs, qui ont
fondé et consolidé l'organisation du Ministère
des finances.

Ces innovations rétrogrades, qui ont déjà
considérablement accru le travail et les frais de
cette branche spéciale de service, pourraient
également entraîner plus tard l'aveuglement,
l'indifférence ou l'asservissement des hommes
politiques, à détacher, par une conséquence naturelle, chacune des pierres du grand édifice de
notre administration financière, afin de les re-
placer dans les défectueuses proportions d'autrefois; c'est-à-dire que nous verrions un jour restituer à chaque division spéciale des attributions
abusives, qui les rétabliraient respectivement
dans une situation indépendante et qui feraient
encore de chacune d'elles autant de fractions
isolées, dont il serait impossible de composer
l'unité d'un ministère, ni la digne part d'un
Ministre.

On comprend, par ce seul exemple, combien
peuvent jeter de trouble dans les affaires et

occasionner de préjudice au Trésor, des prétentions personnelles et des vues inexpérimentées,
qui se fortifient par des considérations politiques
pour détruire l'organisation régulière et longtemps éprouvée d'un grand service public.

Le remède le plus sûr et le plus prompt contre
une aussi grave anomalie, qui dérange toute
l'économie du système administratif des finances
et qui le menace d'une ruine plus ou moins prochaine, serait d'abord, ainsi que nous l'avons
demandé tout à l'heure, de faire cesser, sans
aucun délai, les empiétements dangereux qui ont
déjà désorganisé plusieurs parties du service intérieur et extérieur des finances, et de rendre à
leurs anciennes directions, le personnel des préposés, ainsi que tout ce qui concerne les écritures et la surveillance des comptables. La division des contributions directes, ainsi ramenée à
sa véritable destination, rendrait immédiatement, sur ses nouveaux cadres d'employés, plus
de cent mille francs de traitements superflus,
et n'étendrait pas davantage, pour ses travaux habituels et extraordinaires, au dedans
comme au dehors, les limites de ses crédits
antérieurs.

Mais cette première rectification serait insuffi-
sante pour simplifier et pour perfectionner cette
branche de service, qui restera toujours impuissante pour le bien et souvent compromettante
pour la responsabilité du Ministre, aussi longtemps que ses moyens d'action n'auront pas été
complétés et fortifiés par leur réunion avec ceux
que possède l'administration, plus instruite et
mieux placée, de l'enregistrement et du timbre.
On ne parviendra jamais, que par le secours de
ces derniers agents, chargés de constater authentiquement toutes les transactions sociales et
toutes les mutations des propriétés, à fixer, avec
certitude, les résultats de la valeur capitale et
du produit annuel des biens mobiliers et immo-
biliers de la France. On ne connaîtra que par
leurs yeux, on ne saisira que par leurs mains, les
ressources réelles de la matière imposable. Cette
vérité est tellement impérieuse, qu'elle a déjà
soumis, elle-même, à son joug, la direction des
contributions directes, qui ne peut ni voir, ni
agir que d'après les informations continuellement empruntées par ses préposés à ceux de
l'enregistrement, et qui cherche vainement à y
suppléer par des enquêtes aussi incertaines pour

les investigateurs qu'elles sont devenues insup-
portables aux populations.

Une modification très-facile dans la tenue des
écritures actuelles des receveurs d'enregistrement des divers cantons ; la conversion pure et
simple de leurs tables alphabétiques en un seul
répertoire constatant chaque jour les changements successifs et la situation présente de chacun des propriétaires fonciers, procurerait la
base la plus exacte qu'il soit possible d'obtenir
pour asseoir tous les droits de l'État, pour en
prévenir la fraude et pour en rectifier l'inégale
répartition ; en même temps qu'elle permettrait
d'accomplir la réforme, tant désirée, du régime
hypothécaire, et d'assurer la régularité des listes
électorales.

Nous ne développerons pas ici le plan très-
étendu de ces fécondes améliorations, parce
que nous l'avons déjà sommairement exposé
dans notre dernier ouvrage sur le *Système financier*, et qu'il a été d'ailleurs très-habilement
expliqué dans tous ses procédés d'exécution et
dans ses admirables conséquences par M. Loreau, directeur de l'enregistrement, qui vient
de publier en cette matière un travail spécial

trop peu remarqué, comme toutes les œuvres sérieuses d'intérêt général (1).

Cette généreuse entreprise de bien public augmenterait les ressources des contribuables bien plus encore que celles de l'État, ferait décroître les crédits annuels du budget, et mettrait pour l'avenir l'administration des finances à l'abri des expédients extraordinaires et des secousses dangereuses résultant de l'imperfection de ses procédés.

Une marche tranquille et régulière sur une route aplanie d'avance la conduirait chaque jour au but qu'elle ne peut atteindre à présent que par des voies détournées et semées d'écueils.

Nous insisterons donc avec une nouvelle force pour que le Gouvernement s'empare, le plus promptement possible, de tous les avantages de cette utile mesure, pour qu'il en accroisse la richesse publique avec les produits du Trésor, et pour qu'il en obtienne aussi plus d'un million

---

(1) *Voir* les pages 32 et 33 du *Système financier*, édité par M. Dufart, libraire ; et l'ouvrage de M. Loreau, ayant pour titre *du Crédit foncier*, chez M. Hachette, libraire, à Paris.

d'économie sur les frais de régie et de perception des impôts directs.

Il devient urgent de confier la solution d'un problème aussi important à l'examen d'une commission spéciale qui seconderait les efforts, jusqu'à présent infructueux, de la magistrature pour la réforme du vicieux régime des hypothèques, et qui réaliserait enfin une grande simplification financière, préparée depuis vingt-cinq ans par des réductions successives, proposées en 1828 par le vœu unanime d'un comité de directeurs chargé de réviser l'organisation du Ministère, et dont l'examen réclame plus que jamais l'attention du Gouvernement à la suite des résistances déplorables contre lesquelles pourraient encore échouer le zèle insuffisant de l'administration spéciale des contributions directes.

Directions des douanes et des boissons.

Aussitôt que les modifications, depuis trop longtemps retardées, que nous allons solliciter encore sur les tarifs des sucres et des vins, lorsque nous traiterons des revenus publics, auront diminué les travaux et les cadres de la direction actuelle des contributions indirectes, en rendant aux préposés des douanes l'entière et

plus abondante perception des premières taxes
et en réduisant les formalités et la recette des
secondes à la délivrance d'un acquit-à-caution
et au recouvrement d'un droit unique payé par
le consommateur, nous répèterons les paroles
suivantes que nous avons déjà publiées pour
demander la réunion de ces deux branches spéciales du Ministère des finances en une seule
*administration des impôts indirects.*

« Nous voudrions désormais placer sous le
« même commandement et faire obéir à la voix
« d'un seul général cette armée de surveillance
« répandue sur les frontières, sur le littoral et
« dans l'intérieur de la France, pour découvrir
« et frapper du sceau de la loi chacune des va-
« leurs qu'elle a rendues tributaires. Ces 30 à
« 40 mille hommes employés individuellement
« ou organisés en brigades actives, sont tous
« disciplinés depuis longtemps aux mêmes exer-
« cices et aux mêmes manœuvres, et se défen-
« dent avec les mêmes armes contre les ruses de
« la fraude et contre l'audace de la contrebande.
« L'alliance complète de ces deux milices finan-
« cières, la concentration des forces respectives

« de ces doubles lignes d'observation, exerçant
« dans un même cercle leur vigilance inévitable
« et se prêtant un mutuel secours du centre à la
« circonférence, assureraient partout l'exacte
« application des tarifs, favoriseraient l'abon-
« dance des produits et ouvriraient une source
« féconde à l'économie. L'influence salutaire de
« cette réforme ne s'arrêterait pas seulement à
« fortifier le service actif des préposés inté-
« rieurs et à en diminuer les frais, elle s'éten-
« drait aussi, avec des conséquences non moins
« utiles, à la réduction des opérations et des
« dépenses de l'administration locale et cen-
« trale. »

Nous n'estimons pas à moins d'un million les
retranchements que cette seconde réforme financière permettrait d'opérer sur les crédits ouverts
aux deux directions spéciales des douanes et des
contributions indirectes qui se trouveront préparées à la fusion naturelle de leurs travaux,
par les simplifications déjà appliquées à leur ancienne organisation, par celles que nous avons
précédemment indiquées, et enfin par la solution
pressante des deux grandes questions de tarif

que nous soumettrons bientôt à la sollicitude du Gouvernement.

Nous n'avons aucune proposition à présenter sur le service des Forêts, ni sur celui des Tabacs, qui nous paraissent, l'un et l'autre, dans une voie de progrès qu'il ne faut pas embarrasser, sous le double rapport de leurs procédés d'administration et des revenus du Trésor.

*Directions des forêts et des tabacs.*

L'administration des Postes comprend deux parties distinctes qu'il serait nécessaire de ne pas confondre, afin de parvenir à les soumettre au plan général que nous avons indiqué pour rattacher les divers éléments du Ministère des finances au point central d'où nous ferions toujours partir l'impulsion et le contrôle de l'autorité supérieure.

*Direction des postes.*

L'une concerne le service administratif de toute la France, et l'autre le service matériel de la ville de Paris.

Le premier devrait composer l'attribution d'un directeur des finances, placé dans le sein des bureaux qui entourent le Ministre. Ce nouveau chef de division serait chargé du tarif des lettres, du transport général des dépêches, des relais et

des offices étrangers; le second chef de service
se bornerait, dans le local où cette manutention
s'exécute aujourd'hui, à suivre les mouvements
de l'arrivée, du départ et de la correspondance
de Paris.

Cette division méthodique établirait, comme
pour toutes les autres branches du travail,
une juste séparation entre les rouages de
l'exécution extérieure et l'action plus élevée
de l'administration générale; elle instituerait
dans la capitale un directeur personnellement
responsable, à peu près semblable à celui qui
existe dans les autres grandes villes du royaume,
et elle procurerait en même temps de nouvelles
économies sur les dépenses du régime précédent.

Cependant, quelle que soit l'importance que
j'attache à l'uniformité et à la cohésion des parties élémentaires du Ministère des finances, je
ne voudrais, à aucun prix, que mes propositions
fussent adoptées, si elles pouvaient porter la plus
légère atteinte aux moyens qui ont été très-habilement employés depuis un certain nombre
d'années pour simplifier et pour perfectionner

le précieux mécanisme des postes, et surtout pour accélérer la marche des courriers, pour hâter, dans toutes les communes, la remise de la correspondance, et pour imprimer une ponctuelle et rapide exactitude aux nombreux détails de cet important service. Je me résume donc sur ce point, comme sur tous les autres, à soumettre les nouvelles modifications que je viens d'expliquer, à l'appréciation éclairée de l'administration des finances.

Nous avons souvent demandé, et nous sollicitons désormais, avec l'espérance de voir bientôt nos voeux s'accomplir, la concentration dans un seul hôtel, de toute la fabrication des monnaies françaises. Nous comptons fermement sur le zèle du Ministère pour accomplir, sans nouveau délai, la suppression des sept établissements reconnus incomplets et insuffisants, pour procéder, en même temps, à la création d'un atelier général, pourvu, comme en Angleterre, de tous les instruments les plus perfectionnés de la mécanique et de la chimie, ainsi que des divers laboratoires les mieux appropriés à son importante destination, et pour donner enfin à la France

Commission des monnaies.

une monnaie aussi précieuse par l'inimitable beauté de ses empreintes que par l'exactitude mathématique de son titre et de son poids.

Nous attendons avec confiance la prochaine application de ce nouveau système, profondé- ment élaboré depuis plusieurs années par une commission spéciale, parce qu'il diminuera la dépense annuelle résultant de l'existence des sept usines séparées qui concourent si imparfaite- ment aujourd'hui à l'œuvre difficile d'une bonne fabrication monétaire.

Nous insisterons d'autant plus vivement pour la prompte exécution de cette sage mesure de réforme, qu'elle ferait cesser, pour le Trésor, une cause de préjudices continuellement aggravée par les efforts que fait l'industrie particulière pour extraire de nos espèces circulantes, à l'aide de procédés chimiques, une plus-value assez considérable qui diminuerait les frais de nos nouvelles refontes, si la prévoyance du Gouver- nement savait devancer avec habileté les adroites spéculations du commerce. Il devient d'ailleurs chaque jour plus urgent de renouveler notre défectueuse monnaie de cuivre, et de la ramener dans toutes ses parties, ainsi que celle de l'argent, à l'observation rigoureuse du système décimal ordonné par les lois.

On doit conclure de la discussion qui précède, qu'il serait possible de réduire à six branches distinctes de travail les huit directions spéciales entre lesquelles se partage aujourd'hui l'administration des revenus publics, et que les crédits affectés à leurs dépenses actuelles seraient susceptibles de décroître, par des réformes utiles, de plus de 2 millions d'économies.

Résumé du Ministère des finances.

Mais les six autres divisions principales, précédemment énumérées, et qui complètent le Ministère des finances, ont éprouvé, depuis vingt-cinq années, des réductions si considérables qu'il nous paraîtrait impossible de les étendre davantage, sans porter le trouble et le découragement dans l'exécution des services. Nous ne pouvons que nous référer, pour justifier cette réserve, aux explications étendues que nous avons déjà données sur leur simplification et leur perfectionnement antérieurs, dans le *Système financier de la France* (1).

_____

(1) *Voir* le *Système financier de la France*, p. 32 et 33.

8

Ces douze sections administratives pourraient donc former, à l'avenir, l'attribution du Ministre des finances, et lui offrir, dans ses chefs principaux, les membres du conseil administratif dont nous voudrions lui voir prendre périodiquement la présidence pour l'examen et le jugement de toutes les questions importantes sur lesquelles il est appelé à prononcer.

Nous parviendrions alors, par des améliorations organiques dont nous ne nous dissimulons ni les graves difficultés ni la longue préparation, à réduire les allocations du budget de 1842, comprises dans les trois grands services ordonnancés par le Ministre des finances, de la somme de fr. 213 millions à celle de fr. 211 millions.

### MINISTÈRE DE LA GUERRE.

Ministère de la Guerre.  Depuis 1840, le département de la guerre semble tenir à lui seul et embrasser dans ses importants crédits toute la destinée de la France; il peut retirer de son budget les armes de nos passions et de leur désastreuse impuissance, ou celles d'un patriotisme courageux qui fait la vé-

ritable force nationale ; il peut en faire sortir la
misère et l'abaissement des peuples par de belli-
queuses profusions ; il peut enfin y retrouver les
dons et la grandeur de la paix par des dépenses
sagement protectrices.

Le Gouvernement vient de faire cesser tout
prétexte de collision extérieure ; l'esprit révolutionnaire pourrait seul compromettre encore la
durée de nos vingt-cinq ans de repos et d'alliance
avec l'Europe ; car après avoir vainement essayé
toutes les voies du crime, il ne lui reste d'autres
chances de succès que les désordres et les malheurs de la guerre. Aussi voyons-nous sans cesse
les nouveaux apôtres de la liberté exalter à
l'envi les vanités populaires pour un génie militaire et politique dont ils voudraient détruire
toutes les grandes œuvres d'ordre social, et
recréer à son plus haut degré la force matérielle,
dans la folle espérance d'imposer violemment au
monde et à leur patrie, non pas le joug glorieux
du despotisme impérial, que nous portions fiè-
rement avec les têtes couronnées, mais cette
tyrannie honteuse et barbare que Napoléon avait
brisée de ses mains victorieuses et si puissamment armées par l'indignation publique.

Quels sont les Français impatients de recommencer cette lutte terrible qui a mis l'humanité
si longtemps en deuil, et qui a fini, malgré les
efforts du plus habile capitaine et de la plus valeu-
reuse armée, par l'invasion et par les traités de
1815? Seraient-ce les vieux soldats, nobles sou-
tiens d'un grand pouvoir et inconsolables de sa
défaite, ou bien les hommes de parti qui n'ont
d'autre illustration que d'avoir dévoué leur
plume ou leur parole à l'anarchie?

C'est presque toujours à la voix ou dans les
écrits de ces patriotes turbulents que se forment
les nuages dont s'obscurcit l'horizon politique, et
que l'on entend gronder les orages de la révolution française et de la coalition étrangère. Ce
sont ces publicistes quotidiens qui troublent les
bonnes relations des peuples, qui les arment de
méfiances réciproques, et qui les accablent de
l'intolérable fardeau des levées extraordinaires
d'hommes et d'argent, ainsi que de ces travaux
dispendieux du génie militaire qui vont nous en-
clore par des murailles jusque dans le sein de
notre capitale.

Ces précautions et ces sacrifices sont-ils
donc les conséquences naturelles de nos temps

de progrès et de civilisation et de l'imposante renommée de la valeur française? Nous ne le pensons pas ; pour la prospérité générale et pour l'honneur de nos armes, nous protestons avec énergie contre cette interprétation rétrograde et antinationale de la situation de la France et de l'Europe. Nous rappellerons d'ailleurs, comme nous l'avons déclaré à la Chambre des Pairs, que la position financière de tous les gouvernements étrangers les maintiendra longtemps, ainsi que nous, dans l'heureuse dépendance de la paix; qu'il serait aussi ruineux qu'impolitique de nous épuiser aujourd'hui par de stériles efforts qui nous désarmeraient dans les jours du danger, et que nous serons, à l'avenir, bien plus forts pour la défense de l'ordre intérieur et de l'indépendance du pays, par le développement de la richesse générale, par l'affermissement du crédit public et par le dévouement des populations, que par le maintien d'un accablant état militaire aggravé des fortifications de Paris.

Pénétré de la conviction que la France n'aura pas à lutter de longtemps contre des nations tranquilles qui sont toutes, comme elle, dans la nécessité de réparer encore les dommages de la

guerre et de céder à l'entraînement des généra-
tions nouvelles vers l'amélioration de toutes les
conditions sociales, nous croyons sage de ne
point accroître l'effectif moyen de deux cent cinquante mille à deux cent soixante mille hommes,
qui a suffi, pendant nos dernières années calmes
et favorables, pour le service de nos garnisons
intérieures et pour la protection de nos frontières. Nous comprenons cependant qu'il est nécessaire d'y ajouter un complément spécial de vingt
à trente mille hommes pour l'occupation de
l'Algérie. La fixation de notre force permanente
élevée ainsi à deux cent quatre – vingt mille
hommes ramènerait le crédit de chaque exercice
à peu près à la somme de 230 millions.

Nous sollicitons en même temps l'organisation définitive d'un bon système de réserve qui
offrirait, sans grever habituellement le Trésor,
une force supplémentaire constamment disponible de deux à trois cent mille hommes, pour
compléter au premier appel, avec le contingent
ordinaire de deux cent quatre-vingt mille soldats, un grand complet de guerre de cinq à six
cent mille combattants toujours prêts à se dévouer
à l'honneur et au salut de la France : ce pays po-

puleux et guerrier qui aurait encore la faculté de faire entrer en ligne, dans les cas extrêmes, une milice intérieure et mobile de plus de quatre cent mille gardes nationaux (1).

Ces combinaisons déjà préparées par les délibérations législatives nous paraîtraient suffisantes pour satisfaire à tous les besoins présents et à tous les événements extraordinaires. La loi du 10 mars 1818 sur le recrutement de l'armée n'avait fixé le maximum du pied de paix qu'à deux cent quarante mille hommes. Cette proportion calculée avec une habile prévoyance n'a été dépassée, avant 1830, que pour les expéditions d'Espagne et de Morée. Nous nous sommes maintenus dans l'intérieur au-dessous de deux cent soixante mille hommes, depuis 1835 jusqu'à 1839. En adoptant cette dernière base, nous parviendrons à rétablir un rapport raisonnable entre notre effectif habituel et notre population de trente-trois millions d'âmes, sur laquelle la

---

(1) Le dernier recensement arrêté au 1er janvier 1841, en exécution de la loi du 19 avril 1832, porte le nombre brut des gardes nationaux mobilisables, depuis vingt jusqu'à trente-cinq ans, à 2,220,000 hommes.

loi de recrutement du 21 mars 1832 lève annuellement, pour chaque classe, un contingent ordinaire de près de deux cent quatre-vingt-dix
mille hommes, dont cent cinquante mille seulement, sous la déduction des exemptions et des
réformes, sont reconnus aptes au service militaire de sept années. Il suffirait donc, pour l'entretien d'une force permanente de deux cent
quatre-vingt mille soldats, toute compensation
faite des dispenses et des enrôlements volontaires évalués à 10 pour 100, ainsi que pour
fournir cinq mille hommes à la marine, et parer
éventuellement aux pertes probables de l'effectif,
suivant une proportion habituelle de 6 p. 100,
de verser, dans les cadres actifs, un tribut annuel de cinquante-cinq à soixante mille conscrits
valides, déjà prévu par la loi du 9 juin 1824,
c'est-à-dire d'un Français, au plus, sur cinq appelés et sur deux admis.

Nous reprendrions ainsi l'attitude digne et
assurée qu'il est utile de conserver avec les autres puissances de l'Europe, sans vouloir leur
imposer par le nombre, en comptant trop sur
le Trésor, mais pas assez sur l'ancien ascendant
du nom français.

Nous avons évalué l'armée d'Afrique à trente
mille hommes, d'après l'espérance d'une solution prochaine sur le parti que le Gouvernement
prendra pour l'avenir de cette conquête qui nous
a déjà coûté plus de soixante mille Français et
plus de 600 millions, depuis 10 années que nous
la conservons au prix du sacrifice de nos meilleurs
officiers, de nos plus braves soldats et de l'abondance du Trésor, sans adopter aucun système et
sans nous proposer un but déterminé. D'aussi
grands efforts ne sauraient se perpétuer avec la
même indécision dans nos entreprises, et les
mêmes déceptions dans leurs résultats. Nous
demandons au moins, pour soutenir notre résignation à des pertes aussi désastreuses, qu'une
limite soit posée désormais à ce double affaiblissement qui s'accroît sans mesure et sans terme
au détriment de notre puissance militaire et de
notre richesse nationale. Ce n'est qu'à cette condition de restreindre et surtout de borner ces
graves dommages que le pays peut consentir à
poursuivre la tâche si laborieuse et si longue de
soumettre définitivement et de coloniser une con-
trée presque déserte et reserrée par la mer et
par le Sahara; où le climat détruit nos armées

bien plus que le fer des Arabes; où le culte des habitants résiste à la civilisation; où tous les abords sont hérissés d'écueils; où notre commerce ne trouvera pas d'échanges avant d'y avoir vu naître et se former à nos mœurs une population nouvelle; où la navigation est sans étendue et presque sans abri; où la culture de nos produits indigènes augmenterait, pour la plupart des articles, les embarras de leur surabondance et de leur défaut d'écoulement; où celle des produits exotiques nuirait à nos expéditions lointaines, bien plus favorables à nos armateurs et à notre force navale; enfin, où il sera toujours si difficile d'acquérir et de garder une position inattaquable qui étende notre influence politique sur tous les parages de la Méditerranée.

Nous ne nous arrêterons pas, en appréciant dans leur ensemble les charges ordinaires du département de la guerre, sur les accroissements trop étendus qui paraissent avoir été donnés aux armes spéciales et à l'état-major, ni sur les abus graves qui se sont introduits dans les services du matériel en Afrique, ni sur l'augmentation récente de douze régiments d'infanterie déjà en partie compensée par la réduction d'une compagnie sur

chaque bataillon, ni sur la possibilité de substituer le système départemental, adopté pour tous
les services publics, à l'ancien régime division-
naire qui complique les opérations et multiplie
les emplois militaires; ni enfin sur les simplifications de détail qui pourraient encore améliorer
les formes de cette grande administration, et
amener de nouvelles économies dans ses dépenses. Cette tâche excèderait les bornes de nos
connaissances spéciales, et nous écarterait trop
longtemps du résultat général que nous pour-
suivons.

Nous féliciterons seulement ce ministère de
l'ordre qui règne dans ses budgets, dans ses
comptes annuels et dans leurs justifications, des
règles légales qu'il a obtenues pour le cadre général des officiers supérieurs, et surtout de l'ordonnance royale du 8 septembre 1841 (1), qui
vient de fixer les cadres spéciaux de chacun des
corps de troupes de l'armée. Cette dernière mesure nous éclaire pour la première fois sur les
besoins fixes et sur les fondements constitutifs
d'une force militaire permanente; elle opposera

---

(1) *Voir* le *Moniteur* du 13 décembre 1841.

désormais une barrière difficile à renverser aux créations abusives et au désordre des variations organiques ; elle présentera une base certaine pour déterminer annuellement les contingents complémentaires que commanderaient les circonstances, et pour élever ou abaisser le chiffre nécessairement mobile d'un effectif approprié à la situation calme ou troublée de notre patrie.

Ce dernier but ne nous paraît pas avoir été suffisamment atteint par la nouvelle organisation proposée ; mais elle facilitera désormais à tous les esprits exercés sur cette matière spéciale l'intelligence et la discussion d'un plan militaire complet et clairement exposé, et elle leur permettra d'en restreindre les proportions trop étendues sans en troubler l'harmonie, sans en déranger l'ordre général, et sans en détruire la régularité.

Nous avons vu aussi avec satisfaction que la vie dévouée du soldat avait été successivement améliorée par une meilleure nourriture, par le perfectionnement du régime sanitaire dans les casernes et dans les hôpitaux, par une meilleure composition de l'habillement, ainsi que par une élévation graduelle de la paye journalière et de la pension de retraite.

Il était juste, en effet, et digne d'une nation aussi généreuse que jalouse de sa gloire, d'associer, autant que possible, aux progrès de son bien-être et de sa civilisation, tous ceux de ses enfants qui se consacrent à la protection de son repos et de son indépendance.

Mais nous réclamons avec la plus vive instance, comme une conséquence impérieuse du maintien de l'ordre intérieur et de la consolidation de la paix générale, l'indispensable soulagement de l'effectif actuel des troupes et du crédit ouvert sur l'exercice 1842 pour la somme, devenue exorbitante après le traité du 23 juillet 1841, de 325,802,075 fr.

Nous concevons, cependant, que la différence de 96 millions qui sépare cette dernière allocation législative, du budget antérieur que nous redemandons avec son évaluation modérée de 230 millions, est trop considérable pour qu'il soit possible d'en réaliser immédiatement l'économie sans apporter quelque perturbation dans la marche du service par des retranchements précipités.

Nous ne réclamerons, en conséquence, que 60 millions de réduction sur les fonds de 1842, et nous attendrons le complément de cette pressante réforme sur les crédits de 1843.

Cette résolution de faire cesser la ruineuse démonstration militaire d'une politique en apparence alarmée que nous venons de démentir est d'autant plus urgente qu'elle nous fera reprendre l'attitude calme et imposante d'une paix durable à l'intérieur et à l'extérieur, et qu'elle nous rendra la disponibilité des ressources fécondes qui ont été si malheureusement arrachées, en 1840, à la prospérité publique.

## MINISTÈRE DE LA MARINE ET DES COLONIES.

Marine et Colonies. La puissance maritime est une des principales conditions de la grandeur et de la fortune de notre patrie; elle fut longtemps et doit être encore pour elle une source de gloire et de prospérité publique. Mais tous les éléments de cette force nationale et de cette richesse des peuples ont été presque détruits pendant les guerres européennes de la Révolution et de l'Empire. C'est seulement au retour de l'ordre et de la paix générale que la mer s'est rouverte à notre flotte militaire, à notre navigation marchande, ainsi

qu'à l'exploration scientifique de l'univers, et
que nous avons pu ressaisir quelques-unes de nos
anciennes colonies. Cette renaissance de la marine française n'a même réellement commencé
que lorsque les plus graves dommages de nos
derniers revers ont été réparés, et qu'il nous a
été permis de porter nos regards sur les améliorations du présent et vers les espérances de
l'avenir.

Un Ministre dont le nom restera toujours
cher à ce département a entrepris, en 1820, de
démontrer, pour la première fois, la nécessité,
jusqu'alors très-mal comprise, de pourvoir,
d'une manière plus large et plus féconde, au
rétablissement de notre état maritime, fatalement condamné à sa ruine par le délaissement
des pouvoirs et par l'imprévoyante parcimonie
du budget. Il n'a pas craint de braver, à cette
époque, les préjugés qui voulaient renfermer
exclusivement la France dans son rôle antérieur
de puissance continentale, et il a osé, dans ces
temps de souffrances et de pénurie financière,
réclamer un crédit de 65 millions pour relever
de son impuissance cet important service public
qui marchait à une destruction prochaine avec

45 millions de ressources insuffisantes et toujours stérilement employées.

Mais pour triompher par un progrès aussi rapide des embarras du moment et des préventions obstinées, pour ouvrir cette chance de salut à des intérêts nationaux trop longtemps méconnus et dangereusement menacés, il ne suffisait pas de sonder le mal dans sa décourageante profonfondeur, il fallait encore persuader tous les esprits de la nécessité du sacrifice et de l'efficacité du secours. Ce double but a été très-habilement atteint par l'exposé d'un système complet, dans lequel les 65 millions demandés se distribuaient avec harmonie, et dans des proportions aussi sages que régulières entre le personnel administratif, l'effectif militaire, toutes les branches du matériel naval, les constructions hydrauliques et le service des colonies. On promettait alors au pays, en se renfermant dans cette limite annuelle des besoins permanents ou variables de la marine, de créer et d'entretenir dans l'espace de dix années une flotte de quarante vaisseaux de ligne, de cinquante frégates et de bâtiments d'un ordre inférieur, en nombre proportionnel, de maintenir la réserve des arsenaux au niveau des exigences de cet état normal, et de faire parvenir à leur plus haut degré de perfection nos divers établissements maritimes (1).

Ces engagements pouvaient être remplis si les conditions qui leur servaient de base et de garantie eussent été fidèlement observées par la législature et par l'administration. Mais, d'une part, les crédits annuels ont été souvent inférieurs à l'allocation nécessaire de 65 millions; de l'autre, des événements extraordinaires ont troublé les combinaisons systématiquement arrêtées; enfin, la mobilité des Ministres a bientôt fait déserter les résolutions antérieures, et dévier entièrement de la route précédemment tracée. On a dépensé, depuis vingt et un ans, des sommes plus ou moins considérables, et qui se sont progressivement accrues, sans se proposer aucun plan et sans atteindre aucun but. C'est par une succession d'efforts mal calculés, de vues incomplètes et de projets contradictoires que nous sommes parvenus à détruire les relations indispensables, et si sagement prévues en 1820, entre

---

(1) Voir les Exposés de motifs du Ministre de la marine, M. le baron Portal, pour les budgets de 1820, 1821 et 1822.

9

les cadres des équipages, l'organisation des armements, les réparations et l'entretien des ports,
et les ressources disponibles des magasins.

Un ouvrage fait avec toute la supériorité du
talent et de l'expérience par l'un des administrateurs les plus habiles de ce département, vient
de nous démontrer que le développement excessif du personnel avait envahi et dépassé les limites que lui a vainement opposées la faiblesse
des moyens réservés au matériel maritime, et
qu'une insuffisance considérable, sur cette partie
essentielle, exigeait aujourd'hui de prompts et
de grands subsides de la prévoyance du Gouvernement (1).

Ce regrettable résultat était la conséquence
naturelle de l'absence de toute pensée supérieure,
de toute prévision d'avenir, de toute règle inflexible, qui sût contenir dans des rapports ménagés avec une rigoureuse justesse, les différentes parties d'un ensemble dont il importe de
ne jamais déranger l'équilibre.

La disproportion toujours croissante de la dé-

---

(1) Rapport sur le matériel de la Marine, du 10 mars
1838, par M. le baron Tupinier.

pense du personnel avec celle du matériel, les progrès non interrompus de l'épuisement des ports et de l'accroissement des équipages, semblent indiquer que l'esprit militaire a beaucoup plus régné sur ce département que la prévoyance administrative, et que les dispendieux honneurs des nouveaux commandements l'ont emporté trop souvent sur l'amélioration réelle et durable de notre puissance maritime.

Nous ne voudrions ni blesser, ni affaiblir le sentiment d'orgueil national, qui entraîne si facilement l'homme de mer à mesurer nos armements sur la force matérielle des pavillons rivaux; mais nous craindrions aussi de perdre inopinément la situation imposante qui appartient à la France dans tous les parages, si l'homme d'État ne calculait pas à son tour, avec mesure et sans prétentions exagérées, tous les moyens qu'il peut raisonnablement employer à reconquérir et à conserver la véritable part d'influence politique et commerciale de la marine française.

Par une haute faveur de la Providence, et grâce à la sagesse d'une administration qui a préféré les traditions économiques du grand Col-

bert aux fausses théories de l'inexpérience, la
France est placée dans les conditions les plus
heureuses et les moins éventuelles pour la conservation de sa force et de son bien-être. En
effet, elle n'est pas obligée, comme l'Angleterre,
de chercher au dehors et de solliciter sur tous
les marchés du monde le fragile soutien d'une
existence extérieure et précaire, ni d'épuiser la
vigueur de sa séve nationale, comme la Russie,
en embrassant un empire sans bornes où la population se perd dans l'étendue. Elle renferme
dans son propre sein les éléments principaux
de sa vie intérieure ; elle peut puiser en elle-
même presque tout ce qui l'élève et la fortifie ;
car l'activité de son travail national entretient
naturellement l'aisance de sa population, en lui
fournissant la plus grande partie des produits à
son usage et en lui ouvrant toujours un marché
de 33 millions d'habitants où leur consommation est presque entièrement assurée. Le petit
nombre de ses possessions lointaines ne réclame
pas une grande extension de ses moyens de protection et de surveillance. Elle reste toujours
maîtresse de ses mouvements, elle conserve la
faculté ou de concentrer ses forces, ou de les

transporter, ou de les retirer, à son gré, suivant
les exigences du moment, sur tous les points
où leur présence est éventuellement réclamée par
les intérêts mobiles de son commerce et de sa
politique. Elle n'est enchaînée nulle part, elle
n'est jamais entraînée hors de sa sphère, elle
n'est point absorbée dans une dépendance excen-
trique, enfin elle est libre et dégagée de toutes
les chaînes qui pèsent très-lourdement sur les
grandes nations maritimes de l'Europe. Son alliance peut et doit décider de l'empire des mers,
mais le véritable intérêt de notre pays repous-
serait la prétention de le conquérir.

C'est de ce point de vue général qu'il convient d'envisager l'organisation de la marine, et
de rétablir entre toutes les branches de cet important service les indispensables proportions
qui peuvent seules en consolider les bases et assurer la durée de notre puissance navale.

Nous avons été depuis trop longtemps soumis
au joug des nécessités créées sans prévoyance, et
son poids est devenu tout à l'heure trop accablant, pour que nous ne réclamions pas aujour-
d'hui avec instance un retour immédiat à des
vues aussi sagement méditées que celles qui

avaient obtenu l'approbation des Chambres,
en 1820. On nous doit une explication sérieuse
et complète des causes qui pourraient obliger
l'administration actuelle à demander aux peuples le double de la charge de 65 millions annon-
cée comme suffisante en 1820, pour satisfaire à
tous les intérêts maritimes pour lesquels on réclame aujourd'hui, sans aucune garantie, un crédit de 126 millions.

Colonies. Nous avons déjà reconnu que cette progression
croissante des crédits annuels devait être principalement attribuée au développement des équipages, à l'accroissement des troupes et au luxe
des armements.

Une seconde source de dépenses illimitées
nous paraît avoir été ouverte, en même temps,
au service des colonies. Nous avons en effet remarqué entre les deux époques de 1820 et de
1842, une différence qui excède aussi le double
de la première évaluation, puisqu'elle s'est élevée,
dans ces vingt-deux années, de 6 à 12 millions.

Nous ne sommes nullement disposé à accueil-
lir les préventions défavorables, dirigées avec
autant d'injustice que d'aveuglement, contre

notre régime colonial, cette belle création du
siècle de Louis XIV, qui a fait autrefois et qui
fera sans doute encore longtemps une grande
partie de la force et de la richesse de la mère-
patrie. Nous serons toujours prêt à souscrire
aux sacrifices que nous commanderait cet intérêt
vraiment national, mais nous voudrions en alléger le fardeau par la prospérité même de nos
colonies; car la détresse de ces précieux établissements doit accroître incessamment le besoin
de nos subsides.

Laissons à d'imprudents novateurs la fatale
pensée de nous priver des faveurs de ces débouchés constamment ouverts à notre navigation,
et à plus de 60 millions de nos produits agricoles
et manufacturiers; ne nous berçons pas non plus
avec eux de la présomptueuse espérance d'en-
courager nos armateurs et nos industries, par la
perte de ce commerce privilégié, à reconquérir
plus promptement, pour leurs marchandises, la
préférence que l'on n'accorde qu'au bas prix et
à la qualité supérieure, dans les parages étrangers, où ils auraient à combattre une concurrence générale fortifiée par nos échecs antérieurs, par la résistance des habitudes, et souvent

aussi par des droits différentiels et par des sur-
taxes prohibitives.

Empressons-nous, au contraire, de rétablir
toutes les conditions de l'ancien contrat com-
mercial qui unit ces possessions françaises à la
métropole, par un échange réciproque de leurs
productions mutuelles; ne leur retirons pas, pour
leurs sucres exotiques, qui font leur seule richesse, les avantages de notre marché national,
et cessons de les repousser de nos ports, par un
privilége aussi exorbitant, au profit du sucre
indigène, que ruineux pour le Trésor.

Après avoir détruit cette cause imminente de
dépérissement de nos établissements d'outre-
mer, qui servent à abriter nos vaisseaux, à les
ravitailler et à les défendre contre des hostilités
éventuelles, nous voudrions, en outre, associer
les colons d'une manière plus intime à tous les
avantages de la communauté française. On doit
considérer comme un témoignage de bienveillance la loi du 25 juin 1841, qui vient de ranger
leurs dépenses de gouvernement parmi les
charges générales du budget de l'État, et qui ne
laisse peser sur elles que les besoins de leur administration locale, à l'instar de ce qui se pra-

tique pour les départements de l'intérieur de la
France. Mais nous pensons que le complément
nécessaire de cette première assimilation serait
d'appeler des députés élus par les colonies à la
délibération de toutes les lois qui intéressent les
Français habitants de ces dépendances de notre
patrie, aussi directement que les autres membres
de nos assemblées.

Cette participation à nos travaux législatifs
paraît même aujourd'hui très-impérieusement
réclamée par l'examen de la grave question de
l'émancipation des Noirs à laquelle est attachée
toute la destinée de nos colonies. C'est seulement avec le concours de ces représentants directs de tous les intérêts engagés dans la difficile
entreprise de refaire en quelque sorte l'œuvre
de la Providence, de ressusciter à la vie intel-
lectuelle et morale une race abrutie et dégéné-
rée, que nous pouvons résoudre un aussi grand
problème de civilisation, en conciliant les lois de
la religion et de l'humanité avec les principes
de la justice et les conseils de la politique.

Autant il importe de ne plus apporter de
retard à la décision depuis trop longtemps atten-
due sur la législation des sucres, autant il serait

dangereux de prononcer avec précipitation l'abo-
lition de l'esclavage. Le salut de nos colonies
et en même temps l'existence de notre navigation et de notre commerce sont étroitement
attachés à la promptitude d'une solution favorable sur la première question, tandis qu'une
liberté prématurée et dépourvue de la garantie
de l'ordre et du travail serait pour les nouveaux affranchis un retour certain à la barbarie,
en même temps qu'une cause inévitable de
ruine pour tous nos établissements coloniaux.

Contrôle.   La confusion qui existe depuis plusieurs années entre le service ordinaire et extraordinaire
de la marine, s'oppose toujours à une discussion
raisonnée et approfondie des crédits cumula-
tivement ouverts à ces deux natures de besoins.
Nous demandons, en conséquence, que leur
importance respective soit désormais expliquée
et justifiée séparément dans les budgets et dans
les comptes annuels de ce département, comme
ils le sont dès à présent dans les documents publiés par les autres Ministères.

Nous applaudissons aux efforts que l'on tente
aujourd'hui pour surveiller, avec une plus
grande efficacité, la liquidation des dépenses et

la gestion des matières, afin de faire régner
l'ordre et l'économie dans l'emploi de toutes les
valeurs mises à la disposition des ordonnateurs
par les caisses du Trésor et par les magasins
de l'État. Nous verrions avec une véritable satisfaction rétablir une vérification indépendante
auprès des préfectures maritimes, et fortifier
ainsi l'action régulatrice de la comptabilité centrale par l'adoption prochaine des procédés et
des méthodes qui sont déjà habilement appliqués aux opérations analogues de l'administration de la guerre. C'est avec le secours de cette
double surveillance locale et supérieure que l'on
parviendra sans doute à ressaisir les avantages
des anciens contrôles si fortement établis par
Colbert en dehors de toute influence militaire,
et dont nous avons déploré la perte trop
promptement amenée par la fausse direction qui
les a détournés de leur but.

En résumant les considérations générales que Résumé.
nous venons de présenter sur le Ministère de la
marine, nous reconnaissons que l'accroissement
de ses dépenses peut avoir plusieurs causes
légitimes, dans les progrès de la navigation à la
vapeur, dans le développement des forces étran-

gères, et dans la glorieuse influence que notre
pavillon est parvenu à conquérir dans tous les
parages.

Nous consentons donc à ne pas faire redes-
cendre ses crédits actuels à la prévision anté-
rieure et si bien justifiée de 65 millions, mais ils
nous paraissent évidemment exagérés par des
circonstances difficiles et passagères et surtout
par un défaut absolu de système et d'organisation. Nous sommes d'ailleurs convaincu par les
motifs précédemment exposés que notre flotte
française peut être en mesure, avec des bâtiments et des équipages moins considérables que
ceux des autres grandes marines, de se montrer
plus effective, plus compacte, plus disponible
et presque toujours plus imposante que les
vaisseaux nombreux et dispersés de nos rivaux
les plus redoutables en navigation, en commerce et en politique. Nous serions disposé, en
conséquence, à élever aujourd'hui l'ancienne
évaluation de 65 millions à la somme de 90 millions et à retrancher seulement 36 millions
sur l'allocation de 1842, mais à la condition
expresse d'obtenir de la prévoyance du Gouvernement un plan méthodique et complet de

l'ensemble de notre état maritime qui justifierait au dévouement du pays toute la nécessité d'un aussi grand sacrifice.

## MINISTÈRE DES TRAVAUX PUBLICS.

Nous sommes enfin parvenu aux travaux publics, à cette féconde administration qui forme maintenant un département séparé des plus beaux fragments arrachés à l'ancien Ministère de l'intérieur dont il a brisé le service général, en lui retirant la direction des grandes opérations payées par le Trésor, et en ne lui laissant qu'une action indirecte et exclusivement locale sur l'entretien et le développement de toutes les voies de communication de la France.

Travaux publics.

Nous ne contesterons pas, au surplus, l'utilité de réunir dans la même main et de confier à une seule pensée les nombreux et importants intérêts qu'embrasse l'attribution des travaux publics; nous espérons même que cette concentration des idées, que cette impulsion unique et supérieure de tous les efforts tendant à multiplier des entreprises et des constructions de toute nature éminemment nécessaires à l'activité des relations sociales, produiront désormais plus d'unité dans les vues, plus d'ensemble et de rapidité dans les moyens d'exécution, plus de perfection dans les procédés, enfin plus d'ordre et d'économie dans les résultats.

Nous ne nous élèverons pas davantage contre l'extension récente qui a été donnée aux crédits ordinaires et extraordinaires de ces fertiles dépenses ; il était juste, en effet, et d'une sage politique de doter plus largement, avec les progrès de la richesse générale, une administration qui ouvre partout au commerce, à l'industrie et aux vœux des populations la source la plus abondante des biens de la paix, et qui rend toujours d'une main généreuse, dans le présent comme dans l'avenir, des tributs plus considérables que ceux qu'elle a reçus des peuples. C'est par elle, en effet, que l'aisance et la civilisation pénètrent rapidement dans les différentes régions de la France pour y féconder à la fois tous les dons de la nature et tous les bienfaits de la vie sociale.

Il était d'ailleurs indispensable de relever notre beau pays trop inutilement favorisé par sa situation géographique, de l'état d'infériorité où il était tombé pour la viabilité de son territoire,

comparativement aux autres États de l'Europe,
pendant les temps d'anarchie, de guerre générale et de longues souffrances où il n'avait jamais
eu de ressources disponibles que pour satisfaire
courageusement aux exigences de ses fautes et
de ses malheurs.

Les fonds consacrés annuellement aux ponts
et chaussées et aux édifices publics du grand
Empire ne se sont pas élevés, pour le service
ordinaire, au-dessus de 30 millions. Ceux qui
leur ont été affectés depuis 1814 jusqu'en 1830
n'ont été portés qu'à la somme de 40 millions, et ils sont maintenant parvenus à une
allocation de près de 60 millions. Cette progression croissante des ressources a produit
une amélioration incontestable dans la situation de la voie publique qui nous replacera
bientôt, sous ce rapport, au rang des autres
peuples, nos émules en monuments d'utilité publique et de grandeur nationale.

Le corps si justement célèbre de nos ingé-
nieurs a tracé le plan général des *routes* de toutes les classes dans des travaux statistiques publiés à l'appui des lois des 14 mai 1837, 27 juin
1833, 25 juin 1837 et 26 juillet 1839, ainsi que

dans les tableaux imprimés à la fin des années
1837, 1838, 1839 et 1840; la *navigation flu-
viale* a été traitée partiellement dans les exposés
des lois des 30 juin 1835, 19 juillet 1837, 6 et
8 juillet 1840; le système des *canaux* a été mé-
thodiquement expliqué dans les documents offi-
ciels présentés avec la loi du 3 juillet 1838, et
reproduit ensuite avec plus de développement
dans des documents publiés en 1840. On à indiqué quelques-unes des études faites sur les *chemins de fer* pour obtenir un crédit de 500,000 fr.
ouvert par la loi de finances de 1840; l'*entretien des ports* a fait l'objet d'une analyse présentée en même temps que les lois des 19 juillet
1837, 21 juin 1838 et 9 août 1839, et d'une pu-
blication particulière faite en 1840; enfin les
dépenses des ponts et des bâtiments civils ont
été justifiées par les propositions annuelles des
budgets.

On pourrait donc croire, en lisant ces pages
écrites avec le savoir et le génie de l'art, que
cette administration, si renommée par ses lumières, a mesuré, dans un esprit de prévoyance,
tous les pas de la vaste carrière qu'elle doit parcourir, qu'elle s'est imposé des règles sévères,

qu'elle ne marche jamais au hasard ni par une
volonté capricieuse; qu'elle a constamment devant elle un but marqué d'avance et qu'elle
s'arrête toujours à des limites infranchissables.

Mais cette présomption favorable se change
bientôt en [une conviction tout à fait opposée
lorsque l'examen et la réflexion s'appliquent à
vérifier l'interprétation ultérieurement donnée
aux résolutions primitives, l'application effective
des principes préalablement arrêtés, et chacun
des faits réellement consommés pour l'accomplissement des projets autorisés. On reconnaît
alors, pour la plupart des entreprises, que les
devis manquent d'exactitude; que les données
qui leur servent de base sont incomplètes ou mal
calculées; que la dépense définitive excède les
évaluations par de ruineuses erreurs; que les
pensées premières sont profondément altérées,
soit par l'inconstance des inspirations des hommes de l'art, soit par les écarts du talent, soit
par les opinions divergentes des Ministres successifs; que l'exécution des travaux se règle habituellement suivant les oscillations de la politique
et d'après des exigences personnelles qui triom-
phent par leur adresse et par leur ténacité des

10

plus graves considérations d'intérêt général.
Ainsi la préférence, pour l'autorisation législative
des travaux, pour l'ouverture des crédits, et pour
la proportion plus ou moins considérable des
ressources annuellement employées, repose souvent sur le degré d'influence d'une députation
départementale et quelquefois même sur l'intrigue puissante de tel ou tel délégué d'un seul arrondissement électoral.

Lorsque les déterminations du pouvoir s'as-
servissent aussi aveuglément aux vues étroites
de l'intérêt privé, la richesse publique est stéri-
lisée par de mesquines combinaisons au lieu de
fructifier par de grandes entreprises nationales
qui augmenteraient le bien-être et la considération de la France. Nous ne nous sommes pas
assez préoccupés de ce double but depuis dix années que nous avons consacré près de 600 millions
à des travaux extraordinaires, que nous avons
accru de plus de 20 millions le budget ordinaire
des ponts et chaussées, et que nous avons ouvert
une source de subsides, trop peu ménagée à
toutes les entreprises locales, dans les imposi-
tions et dans les emprunts des départements et
des communes.

L'émulation de tant d'efforts et de si nombreux sacrifices a sans doute procuré des améliorations partielles assez remarquables, mais
elle n'a pas produit pour le pays tout entier les
résultats généraux que le dévouement des populations et le zèle du Gouvernement devaient
se promettre sur la navigation intérieure, sur le
parcours des fleuves et des routes principales, et
sur la création des chemins de fer.

Ces œuvres importantes et si impatiemment
désirées nous demanderaient encore pour s'accomplir de très-larges allocations de fonds, en
même temps qu'elles exigeraient, pour leur exécution prompte et entière, des études prépara-
toires plus approfondies, une évaluation des crédits plus fidèle, une persévérance plus sérieuse
dans les plans tracés, une réalisation graduelle
et plus régulière des entreprises adoptées, et par
conséquent une émancipation complète du ser-
vage politique, qui condamne ordinairement
l'administration à subir des projets mal conçus
et trop multipliés, à les commencer tous à la fois
dans les différentes régions de la France, et à ne
pas les conduire assez rapidement à leur terme.
On n'obtient ni la reconnaissance, ni l'appui de

l'opinion publique, en obéissant ainsi à des prétentions individuelles qui retardent et qui com-
promettent l'accomplissement des vœux de tous
les habitants de la France.

Défendons-nous désormais contre un entraînement trop facile pour des améliorations de
détail, indifférentes ou superflues, et qui ne sont
accordées qu'aux instances intéressées de quelques populations locales dont il serait préfé-
rable de mériter l'estime par des refus que d'obtenir la faveur par des concessions abusives.
Enfin n'élevons pas sans mesure et sans transition, par une précipitation irréfléchie dans
l'exécution des travaux de l'État, le taux habituel des matériaux et celui de la main-d'œuvre,
qui sert ordinairement de régulateur au prix de
toutes les denrées. N'oublions pas, en cette occasion, que le bien général ne se réalise jamais
plus utilement pour les peuples qu'avec les secours du temps et les conseils de la prudence.

Cette dernière réflexion s'applique surtout
aux travaux extraordinaires qui sont poussés sur
un même point avec une trop grande activité,
et dont le prompt achèvement n'est évidemment
réclamé par aucune circonstance impérieuse;

nous la dirigeons spécialement contre les fortifications de la ville de Paris, pour lesquelles nous
faisons, avec une aveugle préoccupation, de déplorables sacrifices. Nous regrettons aussi l'étendue et l'accélération des constructions militaires,
si largement dotées par la loi du 25 juin 1841,
parce qu'elles nous retirent les dons de la paix
pour les convertir en charges de guerre aussi
accablantes qu'intempestives. Il est indispensable
aujourd'hui que la sollicitude des pouvoirs législatifs soit appelée sur la nécessité de reviser, par
le contrôle le plus consciencieux, les autorisa-
tions générales, données sans vérifications et sans
études suffisantes, pour fortifier des moyens matériels de défense bien moins invincibles que la
valeur française, bien moins formidables que le
dévouement des populations, et dont aucun danger prochain ne commandait la précaution onéreuse et prématurée.

Nous demanderons en même temps que les
économies obtenues sur ces besoins factices et
exagérés soit affectées aux entreprises productives
de toutes nos voies de communication ; car c'est
principalement pour ces grandes améliorations
nationales que nous voudrions réserver les fonds

disponibles de l'amortissement, les excédants de recette des budgets, et quelquefois même aussi la puissance du crédit public. Nous sommes donc décidé à ne pas faire porter les retranchements qu'exige la situation actuelle des finances sur les allocations d'un Ministère qui est bien plus appelé à développer les produits de la richesse publique qu'à tarir les ressources du Trésor. Dans l'espérance d'une heureuse et prévoyante extension de ces crédits législatifs, nous les acceptons sur l'exercice 1842 pour la somme de 53 millions, affectée au service ordinaire, et pour celle de 35 millions, accordée aux travaux extraordinaires.

## RÉSUMÉ DES DÉPENSES PUBLIQUES.

Résumé des dépenses publiques.

L'aperçu que nous venons de présenter, sur les besoins réels de l'État, sur les véritables nécessités publiques, nous permet déjà d'entrevoir un avenir plus favorable que celui dont nous menaçaient depuis deux années les efforts inconsidérés d'une politique dangereuse. Nous sommes parvenu à dégager du budget de 1842, par une discussion consciencieuse et approfondie, toutes

les charges actuelles que l'action du temps doit
éteindre ; que le progrès naturel du crédit effa-
cerait de la dette inscrite ; que la simplification
du mécanisme administratif épargnerait sur les
services ministériels ; qu'un retour plus sincère
au régime de l'ordre et de la paix retirerait à la
funeste exagération des armements de la guerre
et de la marine ; enfin, que l'intérêt pressant du
pays conseillerait de retrancher, le plus tôt possible, des découverts antérieurs et du déficit
annuel, pour rétablir la sécurité générale,
l'équilibre financier et le cours trop longtemps
interrompu de toutes les améliorations intérieures.

Ces nouvelles espérances de la prospérité de
notre patrie pourraient effectivement s'appuyer
sur les résultats suivants qui offrent le résumé
des diverses propositions que nous avons développées dans ce second chapitre. SAVOIR :

| DÉSIGNATION DES SERVICES. | CRÉDITS DU BUDGET DE 1842. | DIMINUTIONS POSSIBLES. | | |
|---|---|---|---|---|
| | | SUR 1842. | SUR 1843. | SUR LES CRÉDITS SUIVANTS. |
| | fr. | fr. | fr. | fr. |
| Dette inscrite............. | 262,872,056 | » | 1,474,000 | 70,320,000 |
| Amortissement........... | 90,178,962 | » | 300,000 | 504,000 |
| Dotations................ | 16,268,000 | » | » | » |
| Justice et cultes.......... | 56,636,119 | » | » | » |
| Affaires étrangères........ | 8,052,291 | » | » | » |
| Instruction publique........ | 16,026,133 | » | » | » |
| Intérieur................. | 95,865,772 | » | » | » |
| Agriculture et commerce.... | 12,847,077 | » | » | » |
| Finances................ | 212,793,577 | » | » | 2,000,000 |
| Guerre ................. | 325,802,975 | 60,000,000 | 36,000,000 | » |
| Marine.................. | 125,607,614 | 36,000,000 | » | » |
| Travaux publics (serv. ordin.) | 53,387,500 | » | » | » |
| Totaux......... | 1,276,338,076 | 96,000,000 | 37,774,000 | 72,824,000 |

Total des diminutions.................. 206,598,000

| | | AUGMENTATIONS. | | |
|---|---|---|---|---|
| Emprunt de 150,000,000...' | 5,730,659 | 7,640,879 | 7,640,879 | 7,640,879 |
| Amortissement spécial..... | 1,910,220 | | | |

# CHAPITRE III.

---

## VOIES ET MOYENS.

Après avoir mesuré, d'un point de vue général et dans leur juste étendue, les sacrifices que nous commandent aujourd'hui la dignité, l'indépendance et la prospérité de notre patrie, nous devons examiner, avec la même prévoyance, les voies et moyens que la France peut appliquer, sans efforts extraordinaires, à l'exécution de tous les services publics qui l'honorent et qui la protégent. Il nous reste donc à calculer, aussi approximativement que possible, la véritable importance de ses revenus et la puissance réelle de son crédit.

### REVENUS PUBLICS.

Nous avons fait, en 1839, un examen très-approfondi de tous les produits réalisés par le Trésor sur les impôts directs et indirects, sur les bénéfices des exploitations dont le privilége est confié au

Gouvernement, et sur les biens de toute nature appartenant à l'État. Nous ne reproduirons pas ici les développements très-détaillés que nous avons donnés une seconde fois, en 1840, pour expliquer la nature particulière de chacune de ces branches de recettes, dans le chapitre Ier de notre ouvrage relatif au *système financier de la France;* nous nous bornerons maintenant à rappeler les résultats généraux des deux dernières catégories de ressources, et à résumer pour la première nos vues précédentes, en les appuyant de quelques considérations nouvelles.

Nous avons déjà déclaré, et nous nous empressons de répéter encore, que notre système de contributions publiques repose dans son ensemble sur des bases régulières, et qu'il serait coupable et dangereux de les ébranler. Mais nous demeurons convaincu que, sans en troubler l'économie générale, il serait aussi praticable que nécessaire d'y apporter des modifications importantes conseillées depuis longtemps par l'expérience des administrateurs et par l'intérêt du pays. Ainsi, nous affirmerons itérativement des vérités qui ne sont pas assez comprises, et que nous avons exprimées, au commencement

de cette année, à la tribune de la Chambre des
Pairs, dans les termes suivants :

« Nous ne pourrions aujourd'hui, sans injustice
« et sans imprudence, aggraver davantage les im-
« pôts qui frappent directement les personnes et
« les propriétés, parce qu'ils ont été trop fré-
« quemment augmentés depuis quelques années
« par le facile expédient des centimes additionnels
« et de l'élévation du tarif de l'enregistement, et
« qu'ils sont parvenus dans leur ensemble au
« chiffre de 605 millions (1), c'est-à-dire à plus
« de la moitié du budget, et à plus du double de
« toutes les taxes de consommation. Ne favori-
« sons pas, en épuisant les ressources de la po-
« pulation agricole, les préjugés des hommes
« envieux de la propriété générale, qui, dans
« un temps où la fortune immobilière est deve-
« nue la conquête du travail et de l'économie,
« où la loi des partages fractionne souvent le sol
« en parcelles improductives, où le champ qu'il
« fertilise est plus généralement le bien du
« pauvre que celui du riche, s'obstinent encore
« à considérer la propriété foncière comme un

_____

(1) Voir l'État des revenus publics de l'exercice 1842,
par nature de produits, après la page 213.

« privilége préjudiciable à l'aisance de tous, et
« sur lequel on ne saurait rejeter assez le poids
« des sacrifices de la France. Rappelons-nous
« aussi que c'est dans l'agglomération de cette
« propriété, d'ailleurs si modérée par nos lois
« civiles et fiscales, et dans l'emploi de toutes les
« forces productives habilement ménagé par sa
« grande industrie, que réside le secret provi-
« dentiel de faire vivre et prospérer les contrées
« les plus populeuses avec les fruits d'un capital
« dont la distribution individuelle condamne-
« rait bientôt tous les stériles niveleurs de notre
« inégale destinée à succomber sous les efforts
« d'une impuissante misère. Rappelons-nous
« enfin que toute surcharge imposée à la pro-
« priété territoriale porte une atteinte indirecte
« aux classes laborieuses qui n'ont d'autres res-
« sources que l'activité de leurs bras et de leur
« intelligence; que la moitié des cotes foncières
« est descendue au-dessous de 5 fr., et que par
« l'effet des partages héréditaires, de la fré-
« quence des échanges et des droits de toute es-
« pèce qui grèvent le patrimoine immobilier des
« familles, son capital fait tout entier retour à la
« caisse commune du Trésor public dans l'espace

« de moins d'un siècle ou de trois généra-
« tions.

« Nous devrions donc repousser les nouvelles
« charges qui seraient imposées à l'agriculture,
« et j'appelle au contraire de tous mes vœux et
« de toutes mes instances l'examen des projets
« depuis longtemps élaborés dans le sein du
« Ministère des finances pour le dégréver, autant
« que possible, par un meilleur système d'ad-
« ministration, d'assiette et de perception de ses
« nombreux tributs, de l'inégalité de leur répar-
« tition, ainsi que des lenteurs, des obscurités
« et des formalités dispendieuses du régime ac-
« tuel des hypothèques.

« Mais je réclame toute l'attention des hommes
« d'État sur la nécessité si souvent reconnue et
« toujours éludée, de réformer le régime actuel
« de l'impôt des boissons, d'adoucir la rigueur
« de ses formes, et de simplifier, par un droit
« unique perçu au moment de la consommation,
« le mode d'application de son tarif. Je suis
« convaincu qu'à la faveur de ces améliorations
« on pourrait satisfaire à la fois les agriculteurs
« et les propriétaires, et retrouver une grande
« partie des sacrifices considérables faits en 1830,

« au préjudice du Trésor, et sans aucun avantage
« pour le producteur ni pour le consommateur ;
« mais seulement au profit des débitants, c'est-
« à-dire des hôtes habituels de l'intempérance et
« du désordre.

« Je sollicite également la solution définitive
« de la question des sucres, dont l'indécision
« prolongée porte un si grave préjudice à notre
« puissance maritime, à notre navigation, à
« nos colonies et aux revenus de l'État. Cette
« taxe, trop peu productive, quoique ordinaire-
« rement payée par l'aisance, s'élèverait bientôt,
« par l'adoption juste et nécessaire de l'égalité
« des droits, de sa recette actuelle de 35 millions
« au produit annuel de 60 à 70 millions que
« nous procurent déjà chacune des consomma-
« tions du sel, des boissons et des tabacs.

« Efforçons-nous aussi de reprendre à la
« fraude les ressources importantes qu'elle dé-
« robe sur les taxes légales au détriment de la for-
« tune et de la probité publiques, et procédons
« à cette réforme indispensable avec une sage
« modération, en fortifiant, autant que possible,
« par leur simplification, l'action administrative
« et le système des tarifs, et quelquefois même

« en abaissant le taux des droits qui paraîtraient
« disproportionnés aux facultés des redevables.

« Ces grandes et courageuses mesures sont
« les seules qui puissent concourir efficacement,
« avec de larges économies sur notre état mili-
« taire, à rétablir l'équilibre du budget. Je ne
« crains pas de les recommander aux lumières
« et au dévouement de la législature, parce que
« la France ne consentira jamais à reculer
« devant les difficultés, ni devant les sacrifices,
« pour se délivrer, le plus tôt possible, du déficit
« sorti de l'isolement politique et maintenu par
« la paix armée, déplorable extrémité pour le
« Gouvernement et pour les finances de l'État,
« qui menace gravement notre puissance natio-
« nale, notre prospérité matérielle et notre cré-
« dit public. »

Ces paroles sont l'expression fidèle des convictions que nous avions acquises avant 1840
par des études consciencieuses dont nous tenterons encore d'éclairer l'opinion générale en lui
soumettant les réflexions auxquelles nous ont
fatalement ramené les faits décisifs qui viennent
de se produire pendant les six derniers mois de
l'année 1841.

## IMPÔTS DIRECTS.

C'est avec la plus vive appréhension que nous avons vu l'administration des contributions directes redoubler ses inhabiles efforts pour la recherche de la matière imposable et exciter imprudemment le zèle de ses agents secondaires par des punitions et par des récompenses, à rendre plus immédiat et plus pénétrant leur contact incommode avec les populations.

Nous avons redouté dans cette nouvelle épreuve les difficultés insolubles qui ont constamment embarrassé l'exécution des recensements antérieurs et qui ont si souvent obligé le Ministère à suppléer à l'imperfection du mécanisme spécial de ce service par des expédients et par des mesures exceptionnelles que l'on n'a jamais pu considérer que comme des essais infructueux, à peine suffisants pour motiver des modérations et des dégrèvements d'impôts.

Les lacunes, les omissions et les inexactitudes sans nombre relevées aujourd'hui par tant de mains, devenues tout à coup plus actives sur tous les points du territoire, ont encore accusé très-gravement la négligence précédente des préposés, ainsi que la longue impuissance de leurs procédés ordinaires. Ce double reproche s'est aggravé par la différence considérable qui s'est déjà révélée dans la quotité, nouvellement reconnue, des propriétés bâties. Un fait aussi déplorable est la plus triste démonstration d'une incurie administrative continuellement entretenue par le découragement qu'on éprouve à désespérer sans cesse d'une tâche inexécutable et d'un but inaccessible.

Nous avons également regretté que l'intention, très-légale et très-mal dirigée, de se procurer des données moins incertaines pour la répartition des contingents de la personnelle et mobilière, ait entraîné les contrôleurs à consulter d'autres indices des facultés contributives que le prix des loyers d'habitation : seule et dernière base que la prudence du Gouvernement, notoirement attestée par une instruction du 15 avril 1829, ait voulu employer, depuis cette époque, pour prévenir les conflits inévitables d'une inquisition minutieuse appliquée à des valeurs mobilières presque toujours insaisissables ou impossibles à apprécier.

Nous avons déploré surtout que la politique ingénieuse qui a su reporter, dans tous les temps, avec une habileté prévoyante, les embarras et la responsabilité de l'application des taxes individuelles, toujours fixes dans leur produit général, sur des répartiteurs locaux représentant les contribuables eux-mêmes, n'ait pas assez contenu l'ardeur qu'on a mise à rectifier plus approximativement les inégalités de leur répartition détaillée, par des investigations inaccoutumées et dès lors supportées avec impatience.

D'ailleurs, l'incertitude naturelle du tarif qui frappe la richesse mobilière d'après l'unique mesure de la dépense du logement, le défaut évident de justesse de celui qui calcule les facultés des redevables sur le nombre des ouvertures de leurs habitations, et la combinaison désormais surannée des taxes de patentes réglées selon l'état des industries en 1799, commandait une sage réserve et une modération persévérante à l'administration des finances jusqu'à ce qu'elle ait pu rectifier la législation actuelle par des améliorations depuis longtemps préparées et attendues. Il importait évidemment de ne rien innover dans les usages et je dirai presque dans la tolérance des

agents du fisc, avant d'avoir prononcé définitivement sur les grandes questions qui ont été
publiquement posées, pour la réunion des portes
et fenêtres à l'impôt foncier, pour la révision
du régime des patentes, et pour la fusion des
deux directions générales de l'enregistrement
et des contributions directes.

Dans l'état d'imperfection de leur législation
spéciale et de leur régime administratif, n'avait-
on pas déjà fait rendre aux impôts directs tout
ce qu'ils pouvaient produire? N'avait-on pas
atteint en effet cette limite extrême que le dernier recensement a rendue tout à fait infranchissable? Enfin, dans quel but fallait-il donc élever encore les bases de la moyenne proportionnelle des répartitions locales?

Il nous a semblé que, dans cette occasion, l'on
avait trop oublié des ménagements toujours
nécessaires, mais qui étaient devenus indispensables après l'élévation récente et non interrompue des centimes additionnels, et surtout depuis
que le langage perfide et passionné des partis
envenime chaque jour davantage les plus légers
prétextes d'irritation et de résistance contre
l'action du Gouvernement.

Aucun des anciens administrateurs qui ont fondé ou longtemps éprouvé les procédés imparfaits du cadastre et des contributions directes n'aurait tenté d'en obtenir toute l'exactitude et toute la précision que l'on vient d'en exiger avec trop de témérité et sans aucune vraisemblance de succès. Quelle confiance pourrons-nous accorder à présent à des évaluations sans contrôle et sans garanties qui ont été si précipitamment calculées de toute part à travers les périls ou sous l'impression menaçante des criminels excès qui ont affligé quelques-unes de nos provinces! Quels résultats devrions-nous arrêter, quelles résolutions oserions-nous prendre, sur des conjectures aussi mal établies et sur des appréciations fugitives aussi incomplétement justifiées!

La tentative malheureuse que nous avons faite en 1831 pour convertir la personnelle et mobilière, ainsi que les portes et fenêtres, en impôts de quotité, et pour revenir l'année suivante à leur ancienne forme d'impôts de répartition avec une augmentation de vingt millions sur les contingents antérieurs, aurait dû nous avertir, dans ces dernières entreprises, du danger de toute communication trop directe et de tout débat personnel avec des populations mal disposées, et nous préserver des préjudices financiers et politiques de ces nouvelles collisions.

On ne saurait persévérer plus longtemps à maintenir une aussi défectueuse organisation administrative qui trompe constamment les efforts du Ministre des finances et les espérances du pays, qui se refuse à tous les progrès, et qui a toujours résisté, par les vices mêmes de sa constitution primitive, à toutes les améliorations successivement essayées.

Il n'est plus permis d'hésiter à fonder, sur des bases plus solides, l'importante institution des contributions directes, et à rassembler, à cet effet, dans un seul et puissant mécanisme, tous les ressorts que l'on fait mouvoir aujourd'hui séparément, pour saisir les valeurs mobilières et immobilières, pour les soumettre, à plusieurs reprises et par des mains différentes, à des impôts analogues et puisés à la même source, pour constater authentiquement les capitaux, les revenus et les charges de la propriété individuelle, pour asseoir sur des données certaines le crédit des biens les plus patents et les plus sûrs, et pour éclairer enfin les choix politiques par la garantie de la fortune réelle des candidats élus dans les conseils locaux ou dans les assemblées législatives.

Cette utile pensée de la réunion des moyens administratifs partagés entre les directions actuelles des contributions directes et du cadastre, de l'enregistrement et des hypothèques, a été conçue, expliquée, et, pour ainsi dire, réalisée dans ses procédés d'exécution, par un ouvrage que nous avons déjà cité plusieurs fois, et que nous ne saurions trop recommander à la sollicitude du Gouvernement. Ce travail est le fruit de plus de quarante ans d'études positives, éclairées par la haute intelligence et par le talent éprouvé de M. Loreau, directeur des domaines à Poitiers; le plan en est simple, facile à comprendre comme à appliquer, et aussi favorable à la puissance de l'administration et à l'abondance du Trésor qu'à la tranquillité et à la richesse des peuples. Il consisterait à profiter de tous les documents recueillis jusqu'à ce jour par ces deux régies financières, sur les matières qu'elles frappent respectivement de leurs taxes directes, pour former dans chaque canton un registre-répertoire où viendraient s'inscrire successivement, et à leur place marquée dans un cadre méthodique, toutes les circonstances et tous les résultats qui affectent d'une manière quelconque la situation de chacun des propriétaires de la France.

Ce livre fondamental, tenu constamment à jour, présenterait le bilan complet de la propriété individuelle. On y trouverait promptement la base d'une péréquation générale des contributions directes dans le prix moyen comparatif des ventes et des loyers ; on y inscrirait à leur date, et on y lirait, dans tous les moments, à la simple ouverture du registre, les renseignements statistiques que l'on obtient si péniblement aujourd'hui par des enquêtes incertaines. On y verrait, au premier coup d'œil, sans omission, sans obscurité et sans formalités lentes et onéreuses, toutes les clauses et conditions hypothécaires qui doivent éclairer les prêteurs, et, par conséquent, fonder la sécurité des créanciers de toute origine en même temps que le crédit des propriétaires. On y exposerait enfin la position de chacun de ceux qui ont un droit politique, à nommer les représentants de tous nos intérêts, par la quotité de leur cens électoral.

L'ordre et la clarté de cette nouvelle méthode

de comptabilité descriptive diminuerait les écritures des receveurs de l'enregistrement en sup-
primant celles des agents des contributions directes, et répandrait une assez vive lumière sur
tous les faits qui donnent ouverture aux droits,
pour en prévenir la fraude, et pour doter le Trésor d'une ressource supplémentaire de plus de
30 millions, qu'il pourrait aussitôt restituer, par
un juste dégrèvement, à la probité des contribuables exacts et encore trop surchargés aujour-
d'hui, par l'inégalité d'une répartition mal
éclairée.

    Je ne puis, au surplus, que donner ici une
idée générale des grandes et heureuses conséquences du système dont j'explique sommairement, pour la troisième fois, les propositions,
les moyens et le but. Je renvoie encore à la
lecture de l'ouvrage de M. Loreau, et surtout à
l'étude de son registre-répertoire, pour communiquer la conviction que j'ai acquise sur l'utilité
et sur la nécessité pressante de ces nouvelles combinaisons, à tous les esprits sans prévention, et
qui ne sont possédés, comme le mien, que de la
seule préoccupation du bien public.

## IMPOTS INDIRECTS.

Nous n'avons également, pour les impôts indi-rects, qu'à reproduire textuellement nos précé-dentes propositions sur les *boissons* et sur les *sucres*, en les fortifiant de l'autorité d'une plus longue expérience et de l'appui des opinions qui se sont rapprochées de la nôtre, pendant les trois années écoulées depuis que nous les avons exposées, d'abord en 1839, dans notre *Examen des revenus publics*, et ensuite en 1840 et 1841, soit à la tribune législative, soit dans le *Système financier de la France*. Ces deux droits de consommation n'ont pas suivi, comme les autres produits du Trésor, les progrès inces-sants de la richesse publique, parce qu'ils ont été arrêtés l'un et l'autre, dans leur développement naturel, par les fausses et injustes combinaisons dont on a récemment vicié leurs tarifs.

C'était principalement par la rectification des erreurs et des fautes ruineuses, commises depuis 1830 dans le régime des taxes des vins et des sucres, qu'il fallait chercher l'équilibre de nos finances; la réforme de ces deux tarifs aurait dû,

*Impôts indirects.*

couvrir le déficit du budget, réserver pour les temps difficiles la ressource trop peu ménagée des contributions directes, enfin rétablir une proportion plus égale entre les tributs trop croissants de la propriété et ceux que les consommateurs pourraient payer avec plus d'abondance et de facilité pendant les jours de la prospérité générale. L'augmentation des charges immobilières et la diminution des recettes, prélevées sur les jouissances des populations qui recueillent les biens de la paix, sont deux causes graves d'affaiblissement national auxquelles il était urgent de mettre un terme aussitôt que la force et la raison publique avaient triomphé des désordres et des préjugés populaires. Nous poursuivrons donc, sans nous décourager, la réparation de ces dommages incalculables, supportés trop longtemps par la fortune de l'État et par la puissance du pays, en représentant nos vues précédentes, ainsi que les moyens de les réaliser, à l'attention des Chambres et de l'administration des finances.

### DROITS SUR LES BOISSONS.

« (1) Les vins et les autres boissons spiritueuses Droits sur
« qui satisfont un goût général et dont l'usage, les boissons.
« quoique moins nécessaire que celui du sel, con-
« court à la conservation de la santé publique,
« ont offert, dans tous les temps et à tous les gou-
« vernements, une matière éminemment imposa-
« ble. Leur abondance et leur qualité en rendent
« la consommation si générale et si habituelle,
« que le Trésor ne peut jamais abandonner les
« taxes qu'ils répartissent pour une somme de 84
« millions sur toute la population de la France.

« Mais l'administration doit se proposer un
« système de perception qui ne fasse jamais retom-
« ber sur le producteur, déjà frappé de l'inévi-
« table contribution directe, la charge faculta-
« tive de celui qui se soumet volontairement à
« l'action du tarif par le choix de cette boisson.
« Cette action ne saurait utilement commencer
« que lorsque le propriétaire se dessaisit des
« fruits de sa récolte; il faut encore qu'elle soit
« assez habilement exercée pour ne pas entraver
« ni ralentir l'écoulement de cette marchandise,

(1) *Système financier de la France*, pages 57 à 66.

« et pour ne pas en grever le prix par une fisca-
« lité trop exigeante qui en avilirait la valeur
« vénale jusque dans les celliers du cultivateur.

« Ces règles administratives sont d'autant plus
« nécessaires à observer pour la perception des
« droits sur les vins, qu'elle a excité depuis long-
« temps les réclamations plus ou moins fondées
« des pays vignicoles du royaume.

« Toutefois il convient de faire remarquer que
« ce genre de culture s'étend chaque jour au lieu
« de se restreindre, et augmente encore, par le
« perfectionnement de ses procédés, l'abondance
« de la production, presque toujours au détri-
« ment de la qualité des vins; que la consomma-
« tion intérieure et les exportations au dehors
« suivent également une progression croissante;
« et que la gêne de cette classe d'agriculteurs doit
« être surtout attribuée à leur défaut de pré-
« voyance. Nous ajouterons, pour fortifier cette
« opinion, que l'incertitude naturelle de la ré-
« colte des vignes qui exige toujours des frais con-
« sidérables, dont l'avance est tantôt perdue et
« tantôt fertilisée par les variations de la tempéra-
« ture, donne à cette culture le caractère d'une
« spéculation hasardeuse, dont le succès dépend
« de deux conditions rares et difficiles à réunir :

« la précaution constante d'une réserve de fonds
« et l'habitude de l'économie, au milieu même
« des jours de l'abondance. Ces chances aléatoires,
« trop souvent ruineuses pour les cultivateurs,
« entretiennent un mécontentement qui est quel-
« quefois injuste dans ses plaintes, et ont en
« même temps un attrait pour la cupidité hu-
« maine, qui entraîne ordinairement sur les pas
« de la fortune, et soutient toujours l'espérance
« de l'atteindre.

« C'est peut-être cette dernière cause qui a
« porté, par une augmentation graduelle et non
« interrompue, le nombre d'hectares consacrés
« à cette exploitation agricole d'un million et
« demi en 1788 (1), à 2,135,000 (2), et qui a
« parfois occasionné l'encombrement et la dimi-
« nution de valeur des boissons dans les caves des
« propriétaires. Quoi qu'il en soit, tout dévelop-
« pement excessif d'une industrie est bientôt ar-
« rêté dans son cours, dès que le travail de ceux

---

(1) *Rapport au Roi sur l'administration des finances*,
*du* 15 *mars* 1830, pages 187 et 188 du tome II, *Pièces*
*justificatives* (*Système financier*).

(2) *Statistique de la France*, page 106.

« qui l'exercent ne trouve plus sa récompense.

« Cette dernière considération doit modérer les
« craintes et affaiblir les reproches de ceux qui
« supposent que les pertes des vignerons surpas-
« sent ordinairement leurs bénéfices.

« Sans nous arrêter davantage sur les motifs
« des préventions qui s'attachent à l'existence de
« ces droits, nous croyons que l'imperfection de
« leur tarif a dû fournir dans tous les temps des
« prétextes d'attaques plus ou moins spécieux,
« soit aux producteurs, soit aux redevables. Nous
« ne retracerons pas les variations et les pénibles
« tâtonnements qui ont accompagné le rétablisse-
« ment de ces impôts depuis 1804 jusqu'à la loi
« du 28 avril 1816; mais nous croyons utile de
« rappeler ici les réflexions pleines de franchise
« et de véritable amour du bien public, par les-
« quelles un Ministre aussi éclairé que conscien-
« cieux expliquait, dans son rapport imprimé
« du 15 mars 1830 (1), l'inégalité et l'insuffi-
« sance du régime de ces différentes taxes, en
« proposant pour l'avenir des améliorations sur

_____

(1) *Voir* le *Système financier* pages 189 à 205 du tome II,
*Pièces justificatives.*

« lesquelles il provoquait à l'avance la médita-
« tion et les conseils de la législature.

« Il déclarait alors, avec cette franchise qui
« commande la confiance même à ceux qui souf-
« frent d'une injustice, que le propriétaire récol-
« tant jouissait de l'exemption de tout droit sur
« sa consommation dans son département ou dans
« un arrondissement limitrophe, ainsi que d'une
« remise d'un quart sur le droit de détail, lors-
« qu'il débitait lui-même ses produits; que tout
« habitant d'une ville au-dessous de 1500 âmes,
« s'approvisionnant en gros, payait seulement le
« droit'de circulation au taux moyen de 1 fr. 60
« cent. par hectolitre, et, dans une cité plus po-
« puleuse, y ajoutait encore un droit d'entrée de
« 2 fr. 12 cent. gradué sur la classe du département
« et sur l'importance de la localité; que les bu-
« veurs les plus'nombreux et les moins aisés sup-
« portaient à la fois, chez les débitants ordinaires,
« le droit d'entrée et celui du détail, d'après la
« valeur vénale, au taux moyen de 6 fr. 25 cent.
« par hectolitre, et que Paris payait une taxe
« unique de 11 fr. 57 cent.; enfin, que le tarif du
« Trésor était encore élevé dans la plupart des
« communes par des droits d'octroi assis sur les
« boissons et qui dépassaient trop souvent le

« taux de ceux de l'État, auquel la loi avait ce-
« pendant autorisé l'administration des finances
« à réduire leur maximum.

   « On est frappé de la complication et de la di-
« vergence de ces combinaisons qui atteignent la
« même matière imposable par des taxes aussi
« différentes et qui mesurent aveuglément les
« facultés des contribuables sur la base mobile et
« trompeuse de la population locale. Ce régime
« exceptionnel, aussi injuste qu'imprudent, élève
« les charges spéciales inhérentes à l'habitation
« des villes, par des doubles droits et par une
« surtaxe qui aggravent les impôts du Trésor
« sur les marchés les plus favorables à l'écoule-
« ment des produits et à la vente des den-
« rées.

   « Aussi l'administration des finances, fortifiée
« dans sa conviction par la discussion d'une com-
« mission expérimentée, n'hésitait point alors à
« annoncer qu'elle était prête à abandonner un
« système qui offrait tant de chances à la fraude,
« qui consacrait de si grandes inégalités de ré-
« partition, et qui pouvait restreindre la con-
« sommation en arrêtant les vins, par plusieurs
« taxes à la fois, à l'entrée même des lieux où la
« population est le plus agglomérée. Ses conclu-

« sions faisaient enfin espérer le remplacement
« prochain de ces formes vicieuses, par un mode
« beaucoup plus simple et bien plus équitable,
« qui devait supprimer, avec des ménagements
« conseillés par la prudence et avec de géné-
« reuses compensations pour les finances muni-
« cipales, les droits du Trésor et ceux des com-
« munes perçus aux portes des villes, substituer
« une taxe générale de consommation, basée
« sur la valeur vénale, au droit antérieur de cir-
« culation, et conserver le droit de détail.

   « Ainsi se serait réduit à deux articles un tarif
« qui n'établissait plus qu'une seule différence
« entre les consommateurs, afin d'atteindre in-
« directement le bénéfice du marchand et d'op-
« poser une sorte de limite à l'intempérance.

   « C'était par de puissantes raisons que le droit
« de détail avait été maintenu; il était le plus fé-
« cond pour l'État, et le plus léger de tous pour
« ses nombreux tributaires qui le confondaient
« avec le prix des boissons; il ne pouvait exercer
« aucune influence défavorable sur les bénéfices
« de la culture, ni même sur ceux du commerce,
« puisque le cabaretier en était le premier rece-
« veur, et qu'il ne le versait au Trésor qu'après la

« réalisation de ses profits, toujours sûrs. C'était
« aussi par un profond sentiment d'équité que
« toutes les autres consommations, à l'exception
« de celles des propriétaires sur les lieux de ré-
« colte, auraient été assujetties à une taxe égale
« et judicieusement calculée, sur les deux tiers du
« taux moyen de la vente en détail, pendant les
« cinq dernières années. En résumé, la taxe
« payée sur la valeur vénale de la consommation
« dans les débits publics eût été de 15 pour 100,
« et seulement de 10 pour 100 sous le toit do-
« mestique.

« Cette réforme aurait conservé au budget 30
« ou 40 millions de ressources qui lui ont été en-
« levées sans aucun avantage pour un seul des in-
« térêts qu'il importait de satisfaire. Car l'abais-
« sement du droit de détail n'a favorisé que le
« débitant et a fait rejeter sur les contributions
« directes et sur l'enregistrement le déficit con-
« sidérable créé par ce dégrèvement, dès lors si
« onéreux pour la propriété qu'il prétendait se-
« courir.

« On serait ainsi parvenu à ramener aux prin-
« cipes d'une véritable justice distributive un
« impôt pour lequel les exigences du moment

« nous ont tantôt arraché d'aveugles concessions,
« et tantôt inspiré des expédients de perception
« qui dissimulent la rigueur des charges en aggra-
« vant quelquefois leurs conséquences. N'a-t-on
« pas en effet fortifié les objections des proprié-
« taires par la conversion d'une partie du droit
« de détail en taxes d'entrée? Les adoucissements
« partiels qui ont été récemment accordés ont-ils
« régularisé et simplifié le système précédent?
« La diversité des combinaisons ne s'en est-elle
« pas accrue et n'a-t-elle pas encore augmenté
« des inégalités qui ne peuvent trouver d'excuse
« que dans cette loi fatale des circonstances,
« dont nous devons commencer à secouer le joug?

« Telles sont les questions qui naissent d'une
« législation modifiée les 12 décembre 1830,
« 16 décembre 1831 et 12 avril 1832, plutôt sous
« l'influence de la difficulté des temps, que d'après
« les conseils du savoir et de l'expérience. Nous
« pensons donc qu'il est devenu indispensable
« aujourd'hui de reprendre les améliorations
« mûries et préparées avant 1830 dans le sein de
« l'administration des finances, et qui avaient
« pour objet, comme elles auraient eu pour ré-
« sultat, d'asseoir l'impôt des boissons sur la seule

« base réellement équitable d'une taxe égale ,
« établie aussi exactement que possible sur la
« valeur vénale, et payable au moment même de
« la consommation. Le taux du droit qui avait
« été adopté à cette époque ne nous paraissait
« pas excéder les facultés des consommateurs, ni
« restreindre la vente des boissons ; il nous sem-
« blait avoir été réglé dans une assez sage pro-
« portion pour concilier les justes exigences du
« Trésor public avec les intérêts des producteurs
« auxquels il rendait une entière liberté de cir-
« culation pour arriver sur les marchés de leurs
« produits, et pour les livrer sans aucune en-
« trave aux populations les plus agglomérées. Il
« faisait cesser des différences qui sont un privi-
« lége pour les uns et une surcharge pour les
« autres; enfin, il répondait à des plaintes et à
« des vœux qu'il importe plus que jamais de
« satisfaire, soit par l'adoption des projets anté-
« rieurs, soit à l'aide de combinaisons analogues
« qui paraîtraient plus propres à atteindre le but
« marqué par de si nombreux et de si pressants
« intérêts.

    « Quel que soit au surplus le débat qui puisse
« s'engager encore sur la question grave et diffi-

« cile de la quotité du droit et de la fixation d'un
« taux uniforme qui réponde aux facultés des
« consommateurs, aux espérances de la culture
« et aux besoins de l'État, il ne peut plus exister
« aucun dissentiment sur les conditions équita-
« bles que nous venons d'indiquer pour en régu-
« lariser l'assiette et en alléger la perception.
« L'administration ne laissera pas s'évanouir l'es-
« pérance qu'elle avait donnée, au commence-
« ment de 1830, d'accorder à l'impatience du
« pays un tarif juste dans son principe, facile et
« clair dans son interprétation, habilement adou-
« ci par l'opportunité de son action, et défendu
« auprès des redevables par l'impartialité de son
« application sur tous les points du territoire. »

Tels étaient les vœux et les observations que
nous exprimions dans un écrit préparé dès l'année
1838. Les seules dispositions qui aient été prises
depuis cette époque n'ont apporté à la législation
précédente que des modifications de détail, plus
propres à compliquer et à discréditer encore les
formes antérieures de la perception, qu'à en
simplifier les procédés, à en adoucir les rigueurs
et à en augmenter les produits. La dernière loi
de finances, du 25 juin 1841, n'a répondu ni
aux besoins du Trésor, ni aux réclamations des

redevables, puisqu'elle ne procurera aucun accroissement sensible à nos ressources, et qu'elle n'a satisfait à aucune des plaintes continuellement élevées contre l'imperfection du système. Le seul remède à de si graves préjudices ne peut, en effet, se trouver que dans la réforme complète du régime que l'administration avait réprouvé d'elle-même avant 1830, et qui s'est considérablement détérioré depuis cette époque par les modifications successives qui y ont été apportées.

On tomberait dans une erreur très-dangereuse si l'on supposait que le meilleur moyen de favoriser l'écoulement et la vente des vins consisterait à accorder sur certains autres articles de larges concessions de douane au commerce extérieur, au détriment de notre travail intérieur et de nos différentes industries agricoles ou manufacturières. C'est principalement sur le marché français qu'il faut aplanir toutes les voies du débit de cette boisson nationale, qui répond généralement aux goûts de nos 33 millions de consommateurs; tandis que les peuples étrangers se sont presque tous formés et enchaînés, pendant nos longues guerres, à d'autres habitudes, ont pris l'usage moins cher de nouveaux liquides, ordinairement fabriqués sur leur terri-

toire, et seront vraisemblablement contraints par
les exigences de leur situation financière, de
maintenir des droits très-élevés sur les nôtres.
Ne nous dissimulons pas que pour cet article,
comme pour un grand nombre de marchandises, les avantages des débouchés du dehors ne
pourront jamais entrer en comparaison avec
ceux que nous pouvons étendre et multiplier
sans cesse au sein même de la France, et sans
aucune compensation onéreuse.

Il importerait surtout, pour développer autant que possible dans notre patrie les progrès
de cette grande consommation, qui ferait la richesse des agriculteurs et du commerce, en
même temps que celle du Trésor, de reviser et
de modérer les taxes exorbitantes frappées par
les villes sur les entrées si considérables de leurs
populations agglomérées. On sera frappé de
l'exagération de ces droits locaux, et de l'obstacle continuel qu'ils opposent aveuglément à
la satisfaction des intérêts les plus chers du pays,
en considérant que les quatorze ou quinze cents
communes, aujourd'hui placées sous le régime
de l'octroi, et qui en obtiennent un revenu de
78 millions, exigent plus de 26 millions des

produits de nos vignobles, c'est-à-dire au moins
le tiers de leurs contributions municipales, et
plus de la moitié de la somme reçue par le Trésor
sur la même matière imposable.

Il est indispensable aussi de remarquer combien le développement excessif et incessant du
nombre des commerçants, interposés entre les
producteurs et les consommateurs, augmente les
pertes et les souffrances de ce genre de culture
par l'avilissement progressif du prix d'une boisson facile à falsifier, et pour laquelle on triomphe
de la concurrence en recourant à des falsifica-
tions qui détériorent la qualité des vins et dis-
créditent l'ancienne renommée des meilleurs
crus.

### DROITS SUR LES SUCRES.

Droits sur
les sucres.

Reprenons maintenant notre discussion de
1839, sur le tarif des sucres, au point où nous
l'avions déjà conduite avant l'ouverture des débats législatifs qui l'ont récemment éclairée
d'une si vive lumière, et ajoutons-y, comme
pour la question des vins, les tristes arguments
que nous fournissent aujourd'hui les nouvelles
déceptions et les sacrifices toujours croissants
dont le maintien d'un régime injuste et impoli-

tique nous condamne encore à déplorer les désastreuses conséquences. Nous avions, depuis
trois années, formulé notre opinion dans les
termes suivants, qui n'ont été que plus profondément gravés dans notre conviction précédente
par les sophismes et par les erreurs de la contro-
verse engagée dans les deux Chambres, ainsi que
dans les nombreux écrits publics sur cette matière importante.

« (1) En continuant la revue des taxes de con-
« sommation, on s'étonnerait que, tandis que la
« jouissance d'une longue paix élevait, par une
« amélioration successive, le revenu du sel à 65
« millions et la recette des boissons à 84 millions,
« celle des sucres se soit arrêtée depuis dix ans,
« malgré l'accroissement considérable de cette
« consommation spéciale, au produit comparati-
« vement très-faible de 35 millions, si l'on ne sa-
« vait pas que, pendant cette période progres-
« sive, une partie de cette matière imposable a
« été affranchie de tout droit. On ne s'explique-
« rait pas davantage comment le Trésor s'est
« résigné aussi longtemps à l'abandon d'une res-
« source qui lui est si légitimement due par l'ai-

_____

(1) *Système financier de la France*, pages 66 et 67.

« sance de ceux qui la lui donnent ; comment il
« a pu consentir à un sacrifice annuel qui était
« encore, en 1837, de 25 millions (1), et qui lui
« a enlevé, jusqu'à présent, plus de 150 millions
« de recette ; comment le Gouvernement, averti
« par l'enquête de 1828, et par la prévoyance
« d'un membre de la Chambre des Pairs, le
« 22 avril 1833 (2), ne s'est pas plus tôt préservé
« lui-même contre des préjudices bien plus graves
« encore qui ont compromis les intérêts du com-
« merce, de la navigation, de la marine et des
« colonies, si l'on ne savait pas aussi combien la
« préoccupation des dangers politiques, la mo-
« bilité des ministères, l'égoïsme et l'inexpé-
« rience des opinions locales, et l'entraînement
« des idées spéculatives, peuvent jeter d'incerti-
« tude dans les esprits, et frapper d'ajournement
« et d'hésitation les décisions les plus nécessaires.

« Il est impossible de ne pas déplorer, en effet,
« que par une brusque contradiction, après la
« surtaxe imposée aux sucres étrangers et les

---

(1) *Voir* le Rapport fait à la Chambre des Pairs, le
6 juillet 1837, sur la loi de l'impôt du sucre, par M. le
comte d'Argout, pages 3391, 3431 et 3432.

(2) M. le baron Portal.

« encouragements devenus excessifs, à cause du
« perfectionnement du raffinage, que la loi du
« 17 mai 1826, sur les primes d'exportation,
« accordait à la production des colonies, l'admi-
« nistration ait refoulé elle-même dans leur mar-
« ché l'abondance qu'elle venait d'y répandre,
« en favorisant l'industrie naissante de la bette-
« rave, non-seulement au moyen d'une complète
« franchise, c'est-à-dire avec une protection de
« 49 fr. 50 c. sur cent kilogrammes, mais en-
« core par l'abus, impossible à prévenir et trop
« tardivement comprimé, du remboursement
« des droits d'entrée à l'exportation du sucre
« indigène qui n'en avait point acquitté.

« Ainsi, tandis que les colons se confiaient,
« par des avances très-considérables de culture
« et d'exploitation, au privilége réciproque
« d'une vente exclusive entre leurs produits et
« ceux de la métropole, que l'industrie agricole
« et manufacturière de nos départements et le
« commerce de nos ports engageaient leurs capi-
« taux et préparaient, avec une plus grande
« activité, sur la foi de ces promesses mutuelles,
« leurs expéditions et leurs échanges de mar-
« chandises, un privilége rival, accordé par une
« tolérance aveugle contre tant de garanties,

« et imprudemment armé contre de si précieux
« intérêts, renversait toutes les transactions en-
« couragées, trompait toutes les espérances pro-
« voquées, et ne donnait à la France, en com-
« pensation de ces déceptions ruineuses, que la
« perspective très-incertaine et fort éloignée de
« quelques avantages d'agriculture.

　　« Ces illusions trop promptes se sont elles-
« mêmes bientôt dissipées par la chute des en-
« treprises particulières dépourvues des pre-
« mières conditions de succès inhérentes à la
« qualité du sol, et ne se sont pas beaucoup
« mieux soutenues devant les chances de béné-
« fice qui ont fait préférer cette nature d'exploi-
« tation dans un petit nombre de riches cultures
« des départements du Nord. Elles devaient
« s'évanouir en effet par les calculs qui ont dé-
« montré que si le sucre indigène parvenait un
« jour à satisfaire, sans concurrence, à tous les
« besoins de la consommation intérieure la plus
« développée, il occuperait à peine soixante mille
« hectares des terres les plus fécondes de l'Artois,
« de la Flandre et de la Picardie (1), et que tous

---

(1) *Voir* le même Rapport du 6 juillet 1837, page 3393
à 3397.

« les perfectionnements de la chimie, et de la
« mécanique ne lui permettraient peut-être ja-
« mais de supporter l'impôt que nous exigions
« des colonies. Cette nouvelle culture devait
« donc grever le Trésor d'un déficit au profit
« des provinces les plus riches et à la charge des
« moins fertiles.

« Fallait-il renoncer, pour de tels mécomptes,
« à l'emploi annuel de près de neuf cents navires
« et de douze mille (2) matelots, à 60 millions
« d'exportations de nos produits agricoles et
« manufacturiers, à cette large part que pren-
« nent nos colonies dans notre navigation et
« dans notre commerce extérieur? Pouvait-on,
« par des faveurs exorbitantes et irréfléchies
« accordées au sucre indigène, écarter pour tou-
« jours de nos échanges le sucre exotique qui,
« par suite de la triple convenance de sa capa-
« cité, de son poids et de son facile débit, est
« devenu à peu près le seul élément utile de nos
« transactions lointaines, et le seul moyen de
« lest pour les retours de nos vaisseaux mar-
« chands dans leurs expéditions du Brésil, du
« golfe du Mexique et des Indes orientales?

---

(1) *Voir* le même Rapport du 6 juillet 1837, p. 3449.

« Était-il prudent de détruire ainsi la pépinière
« des marins du commerce, qui offre le meil-
« leur moyen de recrutement de la flotte, et qui
« prépare la force de la marine de l'État : cette
« nouvelle puissance qui grandit chaque jour
« notre gloire et notre influence politique dans
« toutes les parties du monde ? Enfin était-il sage
« de sacrifier à d'hypothétiques améliorations
« près de 100 millions de créances à recouvrer
« par les négociants des ports, ainsi que le tra-
« vail qui donne l'existence et le bien-être à
« toute la population du littoral de la France ?

« S'il pouvait exister une préférence entre des
« Français exerçant la même industrie, n'appar-
« tiendrait-elle pas, à meilleur titre, à ceux pour
« lesquels l'éloignement du marché est une
« cause de dépenses si fertiles en avantages pour
« la mère-patrie, qu'à ces habitants de la mé-
« tropole dont l'administration, sans égard pour
« les principes de la justice et de l'économie
« politique, tenterait, par une différence de
« tarif, de faire triompher la concurrence,
« trop évidemment impuissante, contre les dons
« de la nature et le bas prix de la main-d'œuvre
« dans nos possessions d'outre-mer ?

« Aussi le Gouvernement a-t-il un moment

« compris qu'il fallait aller au secours de tant
« d'intérêts publics qu'une imprudente prédi-
« lection pour la culture de la betterave avait
« condamnés à d'intolérables souffrances. Mais
« la double combinaison du nouvel impôt sur
« le sucre indigène et d'un dégrèvement sur
« celui des colonies, qui tend à rapprocher les
« conditions de ces deux industries, ne nous
« paraît pas suffisante pour satisfaire les lois de
« l'équité et l'intérêt général du pays.

« La solution de cette question importante,
« récemment proposée aux lumières du *bureau*
« *du commerce* de l'Angleterre, n'a éprouvé
« dans ce conseil aucun retard ni aucune incer-
« titude ; l'égalité des droits entre tous les pro-
« ducteurs a été immédiatement prononcée.
« Tout ajournement de cette judicieuse et patrio-
« tique décision doit aggraver en France les maux
« que nous n'avons fait qu'indiquer, et irriter les
« esprits de ceux qui les supportent avec une im-
« patience dont la vivacité ne s'est que trop ma-
« nifestée par des débats contradictoires dans l'in-
« térieur, et par des actes destructifs du régime
« colonial à la Guadeloupe et à la Martinique.

« On ne doit plus hésiter à racheter les torts
« et le défaut de prévision des pouvoirs, qui sont

« tous solidaires dans cette fatale erreur de
« notre législation des finances, par une indem-
« nité d'expropriation pour cause d'utilité pu-
« blique déjà réclamée au nom de ceux qu'un
« dangereux privilége a entraînés dans une spé-
« culation que l'intérêt général commande de
« faire cesser le plus promptement possible.
« Cette mesure de prévoyance et de réparation
« rendrait, pour un sacrifice pécuniaire, un im-
« mense service au commerce, aux fabriques na-
« tionales, à l'agriculture elle-même, à la navi-
« gation marchande, à la marine royale, enfin
« au Trésor public, qui recouvrerait ainsi un
« nouveau revenu de 30 à 40 millions. Cette
« dernière conséquence porterait les produits du
« sucre dans le budget général à une somme
« de 60 à 70 millions (1), à peine suffisante pour
« rétablir la proportion que cette denrée du
« luxe et de l'aisance doit conserver avec les
« tributs moins légers, payés à la société par les

---

(1) En évaluant la consommation totale à 120 millions
de kilogrammes, et à 80 millions le contingent des colonies françaises, on est fondé à espérer 40 millions de francs
sur cette première provenance, et 25 ou 30 millions de
droits sur les importations de l'étranger.

« consommateurs du sel et des boissons. C'est
« alors seulement que nous aurions à examiner
« à quel taux il convient de fixer la taxe de cette
« matière imposable, et surtout celle du sucre
« étranger, pour échapper au danger de la con-
« trebande et pour concilier le développement de
« nos intérêts maritimes et commerciaux avec
« les redevances qui appartiennent à l'État, dont
« la protection les défend et les favorise.

« La discussion ni l'adoption de la loi du 3 juil-
« let 1840, qui élève de 15 fr. à 25 fr. le droit
« frappé sur le sucre indigène, n'ont pu ébranler
« notre conviction sur l'urgente nécessité de ter-
« miner, ainsi que nous le proposons, la lutte
« ruineuse que l'on cherche encore à prolonger
« entre deux industries nationales.

« La solution franche et loyale d'une indemnité
« d'expropriation pour cause d'utilité publique,
« accordée aux usines supprimées dans quelques
« départements, aurait été moins onéreuse au
« Trésor, plus avantageuse aux propriétaires
« des fabriques fermées, plus favorable à la ri-
« chesse générale et à la puissance du pays, que
« la continuation d'une prime décroissante, qui
« ne conserve sa dangereuse protection à la ri-

13

« valité du sucre indigène que pour aggraver ses
« dommages et consommer ensuite sa ruine sans
« aucune réparation.

... « Car l'accroissement immédiat des droits sur
« les produits exotiques, dès qu'ils seraient affran-
« chis d'une injuste concurrence, aurait évidem-
« ment fourni, avant même qu'elle fût exigible,
« toute la provision de cette indemnité de 40 à
« 50 millions de francs ; tandis que nous perdrons
« encore plus de 30 millions par année, et peut-
« être en définitive près de 200 millions de re-
« cette, jusqu'au jour où l'extinction lente et
« pénible de la plus funeste des exploitations
« privilégiées sera parvenue à son terme fatal.

« On a prétendu qu'il serait imprévoyant,
« dans l'hypothèse d'une guerre maritime qui
« interromprait les rapports de la métropole
« avec ses colonies, de priver la France de la
« ressource du sucre indigène ; comme si le com-
« merce des neutres ne devait pas nous procurer
« alors cette denrée exotique à de meilleures
« conditions, en resserrant avec nous les liens
« de leur alliance, et comme si cette nature
« d'exploitation ne pouvait pas toujours se re-
« constituer, dans l'intérieur de notre territoire,

« au degré de perfection où elle serait parvenue
« chez les autres peuples du continent dépourvus
« de navigation extérieure.

« On a dit aussi que ce serait créer un fâcheux
« précédent que d'indemniser une industrie
« pour la modification d'un article du tarif des
« douanes : cette objection n'est réellement pas
« sérieuse, et perd toute sa force contre une
« situation qui sera toujours sans exemple, et
« surtout contre une mesure exceptionnelle
« d'expropriation qui est tellement commandée
« par l'utilité publique, qu'elle se justifierait,
« dans cette circonstance, beaucoup mieux que
« pour les autres cas où son application est or-
« donnée. D'ailleurs cette solution équitable
« menaçait moins gravement la fortune de l'État
« et la confiance publique que la décision di-
« latoire et presque insidieuse qui vient d'être
« rendue par le Gouvernement. La dernière loi
« trahit en effet tous les intérêts qu'elle semble
« vouloir protéger, par une prétendue concilia-
« tion qui irrite leur animosité en prolongeant
« leurs pertes et leurs souffrances. »

En relisant aujourd'hui les derniers mots de
cette triste prédiction, nous en reconnaissons

la confirmation la plus déplorable dans la détresse actuelle des deux industries rivales qui succombent, l'une et l'autre, sous les efforts d'une lutte sans avantage, par suite de la diminution, de près d'un tiers (1), survenue tout à coup dans le prix vénal de cette denrée alimentaire, et des chances ouvertes à la fraude par l'insuffisance notoire de l'*exercice* des fabriques intérieures.

On peut, en effet, évaluer cette fraude à plus de 15 millions de kilogrammes, sur une fabrication de sucre indigène déclarée seulement pour 26 millions, et sur une consommation générale, qui ne se révèle et qui n'acquitte les droits que jusqu'à concurrence de 106 millions, tandis qu'elle s'élève certainement au-dessus de 120 millions de kilogrammes.

La diminution progressive du nombre des usines découragées répète sans cesse la menace de la ruine prochaine de toutes celles qui existent encore.

---

(1) En 1840 le prix des 100 kilogrammes de bonne quatrième s'était maintenu à 150 fr.; il est descendu en 1841 au-dessous de 110 fr.

L'expropriation pour cause d'utilité publique est à présent, plus que jamais, la seule chance de salut des fabricants de sucre indigène et des propriétaires de nos colonies : tel est aussi le vœu formel des uns et des autres ; tel est enfin le dernier cri de détresse de tous les intérêts nationaux compromis par un régime arbitraire et qui ne peut plus résister à la force des choses.

Nous ne pouvons donc qu'insister, avec les orateurs éclairés qui ont adopté notre solution dans les Chambres législatives, et surtout avec M. Lacave-Laplagne qui l'a défendue par la supériorité de ses lumières, de sa droiture de caractère et de son talent, pour supplier le Gouvernement de céder enfin à la voix de l'intérêt général appuyée aujourd'hui par cette irrésistible logique des événements, qui sera sans doute plus influente, sur ses déterminations nouvelles, que la majorité des opinions si souvent égarées ou égoïstes dont il a fait la raison trop habituelle et trop servile de ses résolutions antérieures.

## RÉSUMÉ DES REVENUS PUBLICS.

Résumé
des revenus
publics.
Les produits du Budget de l'exercice 1842 ont été portés par la dernière loi de finances à 1,160,683,142 fr. (1). Nous n'avons aucune amélioration immédiate à proposer sur ces évaluations récentes, si ce n'est celle de près de 30 millions qui résultera probablement de la plus-value presque réalisée pour les revenus de l'exercice 1844, sous l'influence des heureuses modifications apportées à notre politique générale. Mais nous n'hésitons pas à promettre, dans un avenir très-prochain, une augmentation des ressources du Trésor de plus de 100 millions, si l'administration des finances consent à entreprendre la réforme que nous venons d'indiquer dans l'organisation des contributions directes et de l'enregistrement, et à réaliser aussi le double bienfait d'un droit unique de consommation pour l'impôt des vins et pour celui des sucres français.

Ces trois grandes mesures accroîtraient la for-

(1) Voir l'État des revenus publics de l'exercice 1842, par nature de produits, après la page 213.

tune de l'État, en même temps qu'elles concour-
raient puissamment au soulagement des charges
publiques, par la préparation d'un dégrèvement
sur la contribution foncière et sur les droits d'enregistrement trop élevés ; elles développeraient
la production et la vente des denrées de l'agriculture et des marchandises de l'industrie ; enfin
elles imprimeraient une activité progressive à la
navigation et aux relations commerciales de la
France.

## RESSOURCES DU CRÉDIT PUBLIC.

Il est très-difficile d'évaluer les ressources
extraordinaires du crédit de l'État et d'assigner
une limite certaine aux subsides volontaires que
la confiance peut offrir dans tous les temps aux
besoins du Trésor. Cette appréciation embrasse
en effet les chances diverses et mobiles de la richesse publique ainsi que les résultats favorables
ou contraires de la politique intérieure et extérieure. Ces conjonctures variables servent jour-
nellement de mesure au bien-être, à la sécurité
et au développement des facultés des peuples, et
sont par conséquent les causes perpétuellement

modifiées de l'élévation ou de l'abaissement du crédit. Cependant en considérant d'un regard supérieur tous les aspects de la situation de la France, on parvient à se former une opinion générale sur l'étendue que l'on peut donner habituellement à cette nouvelle puissance financière reconquise en 1814 par la bonne foi du Gouvernement. Nous avons cru devoir la renfermer désormais dans un maximum de 160 millions de rentes. Cette limite approximative est aujourd'hui dépassée de près de 10 millions par suite de l'inscription de 5,730,659 fr. faite en 3 pour 100 pour un nouvel emprunt de 150 millions représentant une dette nominale de 191 millions au pair de 100 fr., dont le montant s'est ajouté au capital et aux arrérages des rentes antérieures et les a élevées aux sommes ci-après :

Intérêts . . . . . . . . . . . . . . . . 169,141,987
Principal. . . . . . . . . . . . . . 3,779,574,680

Mais nous avons démontré que cette surcharge actuelle de 10 millions serait incessamment allégée et définitivement éteinte par les rachats de l'amortissement. Nous avons également fait

concevoir l'espérance de reprendre, après quelques années de calme et de prospérité publique, l'opération féconde et régulatrice du remboursement du 5 pour 100 ou de la conversion
de ces valeurs en un fonds d'un intérêt moins
élevé : afin d'obtenir par cette mesure de justice
et de prévoyance une épargne de 20 millions
de rentes qui pourrait être ménagée pour les
événements imprévus et pour les améliorations
de l'avenir.

Il nous a paru aussi qu'il serait avantageux
aux capitalistes et à l'État d'accroître la dette
flottante ordinaire du Trésor, et de la porter de
la somme de 356 millions où elle était parvenue
avant 1840, à celle de 500 millions : c'est-à-dire
de créer, par une émission supplémentaire de
bons royaux, une nouvelle ressource de 144 millions, au service courant de l'administration des
finances.

Nous ferons au surplus remarquer que cette
subvention croissante des fonds du crédit administratif se trouverait maintenant absorbée
par la portion des trois déficit créés sur les
exercices 1840, 1841 et 1842 qui n'a pas été
couverte avec les 150 millions déjà transportés

à la dette inscrite au moyen de la dernière négo-
ciation de 3 pour 100 que nous venons de men-
tionner. On se rappelle en effet que ces trois
budgets ont laissé à la charge du Trésor, après
la compensation de 200 millions de fonds antérieurement réservés, un excédant de dépenses
de 330 millions dont la dette flottante restera
encore grevée nonobstant ce dernier emprunt
de 150 millions, pour le surplus de 180 millions.

Tels sont les voies et moyens qu'il nous a paru
nécessaire de mettre en évidence et d'annoncer
comme prochainement disponibles sur la richesse
progressive du crédit public.

# CHAPITRE IV.

—

## SITUATION GÉNÉRALE DES FINANCES
### ET CONCLUSION.

Nous devons achever cette discussion générale des services publics et de toutes les parties de la fortune de l'État, que nous avons entreprise en consultant plutôt notre zèle que nos lumières, par un résumé de la situation des finances restaurée d'après nos propositions et par le rétablissement de l'équilibre du budget alternativement dérangé suivant la témérité ou la faiblesse d'une politique aventureuse ou irrésolue.

Nous rappelons d'abord, selon la démonstration que nous en avons précédemment donnée, que la dette inscrite et la dette flottante, où viennent inévitablement s'enregistrer tous les déficit des exercices passés, présentent aujourd'hui les résultats suivants :

La première, qui s'élevait, avant 1840, en

capital, à 3,588,354,680 fr. et en intérêts à
163,411,328 fr., vient de recevoir un accroissement de 191 millions en principal et de 5 millions en arrérages, qui la porte au total de
3,779,574,680 fr. et à la dépense annuelle de
169,141,987 fr.

La seconde, arrêtée jusqu'en 1840, au chiffre
de 356 millions, a été menacée de s'accroître des
trois découverts de 1840, 1841 et 1842, fixés
par les dernières lois de finances à 330 millions,
après la déduction de 200 millions de fonds déjà
réservés sur l'amortissement et sur le budget de
1839; elle aurait donc atteint la somme de
686 millions, si l'emprunt de 150 millions que
nous venons d'ajouter à la dette inscrite ne devait pas la réduire à 536 millions.

Tel est le point de départ que le Gouvernement nous a préparé dans la dernière session
des Chambres et qui va bientôt ouvrir la carrière du budget de 1843, peut-être même avec
*un quatrième déficit* ajouté aux découverts antérieurs, et semant, d'exercice en exercice, les
germes de nouveaux emprunts.

Il nous est impossible d'accepter, sans protes-
tation, une aussi déplorable perspective politique

et financière, à laquelle les rapports des dernières commissions législatives ont déjà énergiquement opposé les réclamations suivantes (1) :

« Quelque pénétrée que soit votre commission
« de l'impérieuse nécessité des économies, elle
« n'a pas voulu, nous le répétons, prendre de-
« vant un pareil langage, l'initiative de diminu-
« tions dans le chiffre de l'effectif et dans celui
« des armements militaires. Mais il est de son
« devoir de rappeler que l'un des premiers élé-
« ments, que l'élément le plus indispensable de
« la puissance d'un État, ce sont de bonnes
« finances ; que si on paraît plus fort aux yeux
« du vulgaire, en tenant sur pied un nombre
« d'hommes supérieur aux facultés de son pays,
« en réalité on s'énerve, on dévore d'avance les
« ressources qu'il faudrait ménager pour la
« guerre, et on cause un double dommage en
« faisant un emploi improductif des deniers du
« contribuable, et en enlevant à l'agriculture
« et à l'industrie les ouvriers les plus vigoureux

---

(1) Rapport de la commission de la Chambre des Députés, en date du 23 avril 1841, sur le budget de l'exercice 1842, pages 20, 21 et 22.

« et les plus actifs. Que les sacrifices que nous
« subissons se prolongent tant que l'honneur et
« la dignité de la France l'exigeront, votre com-
« mission est unanime, et la Chambre le sera
« sans doute aussi, non-seulement pour le con-
« sentir, mais pour le demander. Mais le jour
« même où ils ne seront plus utiles, ils doivent
« cesser, et le Cabinet aurait à rendre compte
« du retard qu'il mettrait à porter une main
« ferme sur les dépenses qui deviendraient alors
« superflues ou exagérées, pour en tarir la
« source ou en réduire le développement.

« C'est parce qu'elle est pénétrée du sentiment
« des véritables intérêts de la France, que la
« commission proclame hautement que tel est
« le devoir des Ministres, et que leur responsa-
« bilité serait sérieusement engagée s'ils hési-
« taient à le remplir. Elle fait un appel spécial
« à la sollicitude de M. le Ministre des finances.
« Il a annoncé plusieurs fois qu'il ne présente-
« rait pas le budget de 1843 en déficit, et il
« ne peut se dissimuler que si celui de 1842
« n'éprouve pas, par le soin de l'administra-
« tion, de profonds changements et reste tel
« qu'il sera voté par les Chambres, il sera im-
« possible de passer subitement d'un excédant

« de dépenses de 116 millions à l'équilibre. Il
« est à la veille de traiter d'un emprunt qui sera
« le plus considérable qui ait jamais été contracté
« en France, et il sait mieux que personne com-
« bien les conditions de cet emprunt se ressen-
« tiront des progrès qu'aura faits le Gouverne-
« ment dans la voie de la réduction des dépenses.
« Nous serons heureux si nos réflexions lui don-
« nent plus de force pour résister à la disposi-
« tion si naturelle de ses collègues à accroître la
« dotation de services dont ils sont chargés.

« Votre commission a dû tenir au Gouverne-
« ment ce langage ; elle a dû vous donner à vous-
« mêmes, Messieurs, les explications qui pré-
« cèdent, pour mettre à couvert sa propre res-
« ponsabilité, et pour se justifier de ne pas vous
« avoir proposé de faire un plus grand pas vers
« cet équilibre dont elle croit vous avoir dé-
« montré la nécessité. »

Nous avons proposé, pour seconder ces vœux
prévoyants de la législature, d'opérer sans retard des changements organiques sur les départements de la guerre et de la marine qui nous
paraîtraient devoir satisfaire aux véritables intérêts militaires et maritimes de la France, en

même temps qu'ils pourraient alléger les dépenses stériles et excessives du Trésor, de 96 millions en 1842 et de 132 millions sur les exercices
suivants.

Nous avons indiqué en outre, pour ce grand
but, des améliorations dès longtemps préparées
dans le système actuel de l'administration des
finances, qui en simplifieraient utilement le
mécanisme et qui en diminueraient les dépenses
de plus de 2 millions, après quelques années
de préparations indispensables à la complète
exécution de ces nouvelles mesures.

Nous avons aussi fait pressentir les diminutions
successives qui atténueront à partir de 1843 les
charges viagères de la dette inscrite de près
d'un million par exercice et successivement de
28 millions dans un plus long avenir.

Nous avons calculé l'épargne de 22 millions
que nous parviendrons à réaliser par des rachats annuels de rentes 3 pour 100 dont le
premier terme sera de 874,000 fr. en 1843 et
s'accroîtra progressivement jusqu'à cette somme
de 22 millions pendant les dix-huit années suivantes; nous avons en même temps entretenu
l'espérance d'une économie de 20 millions dans

le service des rentes 5 pour 100 par l'effet du remboursement ou de la conversion prochaine de cet ancien fonds public.

Enfin nous croyons avoir démontré qu'il était juste et nécessaire de retrouver 80 millions de recettes supplémentaires sur les tarifs des sucres et des vins, en améliorant à la fois la situation des redevables et celle du Trésor, et qu'il était devenu également indispensable de réformer les imperfections de notre régime administratif des contributions directes et de l'enregistrement de diminuer, par leur réunion, les difficultés de ces deux services, et d'alléger les charges trop élevées de l'un et l'autre impôt; par un prochain dégrèvement de 30 millions, dont la ressource réparatrice serait reprise, avec le perfectionnement des procédés de la surveillance, aux détournements considérables de la fraude.

Ainsi, en acceptant et en exécutant avec résolution et persévérance les propositions du plan de finances dont nous venons de récapituler sommairement les résultats, le Gouvernement aurait réussi à obtenir dès 1842 un excédant de recettes de 45 millions, auquel se serait ajouté l'augmentation de revenus de près de 30 millions qui vient

14

d'être réalisée sur les évaluations des produits du
budget précédent. Il aurait donc déjà ressaisi les
125 millions qui lui manquaient encore, après
avoir absorbé les 65 millions de la réserve de
l'amortissement, pour solder entièrement le déficit de 115 millions annoncé sur 1842 et pour
subvenir, sans les secours onéreux du crédit, aux
75 millions de travaux extraordinaires votés par
la loi du 25 juin 1841 (1).

Il aurait présenté le budget de 1843 enrichi
d'un excédant de ressources de 113 millions
avec lequel il eût acquitté les 75 millions de crédits affectés à des entreprises extraordinaires, et
commencé dès lors jusqu'à concurrence de 38 millions le remboursement successif des précédents
découverts qui vont grever le Trésor d'un accroissement passif de 330 millions (2).

Il aurait donc graduellement effacé la trace

---

(1) Exercice 1832.—Déficit diminué de la réserve
     de l'amortissement (page 18)............   50,804,934 f.
Travaux extraordinaires (*idem*.)............   75,000,000

             Ensemble...............   125,804,934 f.
Diminution des dépenses (p. 152)... 96,000,000 f. ⎱ Balance.
Augmentation des recettes (p. 196).. 30,000,000 ⎰

(2) Exercice 1843.—Diminution nouvelle des dépenses
            (p. 152)......... 37,774,000 f.

des dommages antérieurs, assuré largement tous
les besoins courants et préparé les grandes améliorations nationales si impatiemment désirées,
sans aggraver le poids de la dette inscrite. Enfin,
il aurait été appelé à remplir la noble tâche de
doter notre avenir de tous les biens de la paix, de
toutes les garanties contre la guerre, de tous les
dons de la puissance et de la richesse publique,
en se dévouant avec courage à la réforme des
services de dépenses et au perfectionnement du
système général des impôts.

Il serait parvenu, sans secousse et sans effort
extraordinaire, en entrant immédiatement dans
les voies de prospérité générale que nous venons
d'ouvrir à son patriotisme, à reprendre un jour
plus de 200 millions (1) sur des charges temporaires et sur des sacrifices abusifs, imposés sans
utilité comme sans honneur à la fortune de la
France, en même temps qu'il eût retrouvé dans
une meilleure combinaison administrative des
contributions directes et indirectes, plus de 100
millions de recettes perdues pour les peuples et
pour le Trésor public. Le budget de l'État, ainsi

(1) *Voir* page 152.

fortifié de 300 millions de ressources nouvelles, aurait réalisé sans retard et dans toute leur étendue les espérances du bien-être des populations et de la force nationale.

L'administration des finances aurait même accompli toutes ces grandes œuvres et préparé cette belle destinée à notre heureuse patrie, en conservant au crédit public une puissance progressive qui lui réserverait pour ses besoins imprévus une épargne de 42 millions en intérêts et d'un milliard en capital dans sa *dette inscrite*, et un second subside extraordinaire de près de 200 millions dans les voies et moyens de sa *dette flottante*.

### CONCLUSION.

On comprendra par ce résumé rapide des chances diverses de la fortune de l'État, combien il est facile, suivant la direction donnée aux affaires publiques par ceux qui préparent notre avenir, de faire passer tout à coup un peuple d'une imagination mobile, d'un caractère impatient de tous les jougs, riche à la fois des dons de la nature et de l'activité de son travail, et dont le courage ne s'épuise jamais ni contre les dangers ni contre les malheurs, de la misère à l'abondance, du calme à l'agitation et de l'abaissement à la grandeur. C'est donc dans la droiture, dans l'indépendance et dans la force du caractère, ainsi que dans les leçons de l'expérience, bien plus que dans l'éclat des talents ou la souplesse de l'habileté, que nos hommes d'État doivent trouver la solution de toutes les difficultés de notre situation politique et financière (1). Cette dernière considération m'a conduit à présenter à mon pays ce nouveau tribut d'un laborieux dévouement, qui ne saurait aujourd'hui se manifester utilement pour l'intérêt général que par une franchise sans réserve, par un désintéressement sans réticence, et par un véritable dégagement de toute préoccupation favorable ou défavorable aux personnes et à leurs œuvres.

---

(1) J'ai annexé à mon travail quelques souvenirs, peut-être empreints de ma reconnaissance personnelle, sur la carrière administrative du baron Louis, ce ministre des temps difficiles, qui peut servir d'encouragement et d'exemple aux hommes d'État véritablement amis de leur patrie.

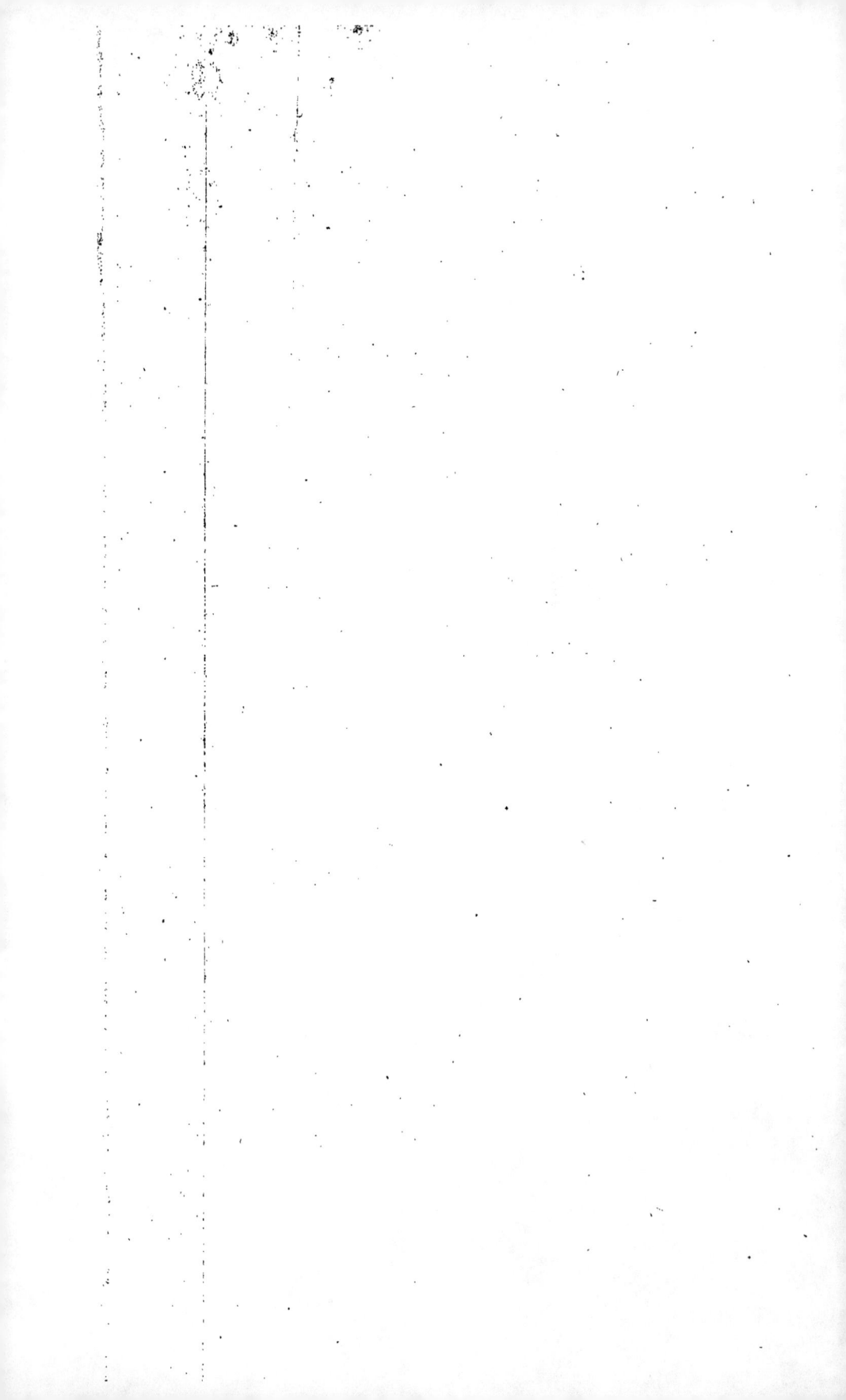

ÉTAT DES REVENUS PUBLICS DE L'EXERCICE 1842, PAR NATURE DE PRODUITS.

| DÉSIGNATION DES PRODUITS. | IMPOTS DIRECTS | | IMPOTS INDIRECTS sur les consommations et les jouissances. | PRODUITS DE SERVICES exploités par le Gouvernement. | PRODUITS DE BIENS appartenant à l'État. | TOTAL DES SERVICES. |
|---|---|---|---|---|---|---|
| | Sur la propriété foncière. | Sur les personnes et les biens meubles. | | | | |
| | fr. | fr. | fr. | fr. | fr. | fr. |
| Contributions directes........... | 299,504,770 | 96,549,840 | » | » | » | 396,054,610 |
| Enregistrement et timbre........ | 169,263,800 | 40,000,000 | 16,574,200 | » | 5,044,500 | 230,882,500 |
| Forêts....................... | » | » | » | » | 34,700,000 | 34,700,000 |
| Douanes et sels................ | | » | 181,129,000 | » | » | 181,129,000 |
| Contributions indirectes......... | » | » | 137,964,000 | 1,979,000 | » | 139,943,000 |
| Tabacs et poudres.............. | » | » | » | 100,616,000 | » | 100,616,000 |
| Postes....................... | » | » | » | 47,025,500 | » | 47,025,500 |
| Produits universitaires........... | » | » | 3,749,082 | 600,000 | » | 4,349,082 |
| Produits éventuels des départements. | » | » | » | » | 11,200,000 | 11,200,000 |
| Produits et revenus de l'Algérie.... | » | » | » | » | 2,390,000 | 2,390,000 |
| Produits de la rente de l'Inde..... | » | » | » | » | 1,050,000 | 1,050,000 |
| Taxe des brevets d'invention...... | » | » | 600,000 | » | » | 600,000 |
| Produits divers (le surplus)...... | » | » | 10,000 | 2,996,100 | 7,737,350 | 10,743,450 |
| TOTAUX.......... | 468,768,570 | 136,549,840 | 340,026,282 | 153,216,600 | 62,121,850 | 1,160,683,142 |

605,318,410

Produit brut des impôts. 945,344,692     Rev. de l'État. 215,338,450

Après la page 213.

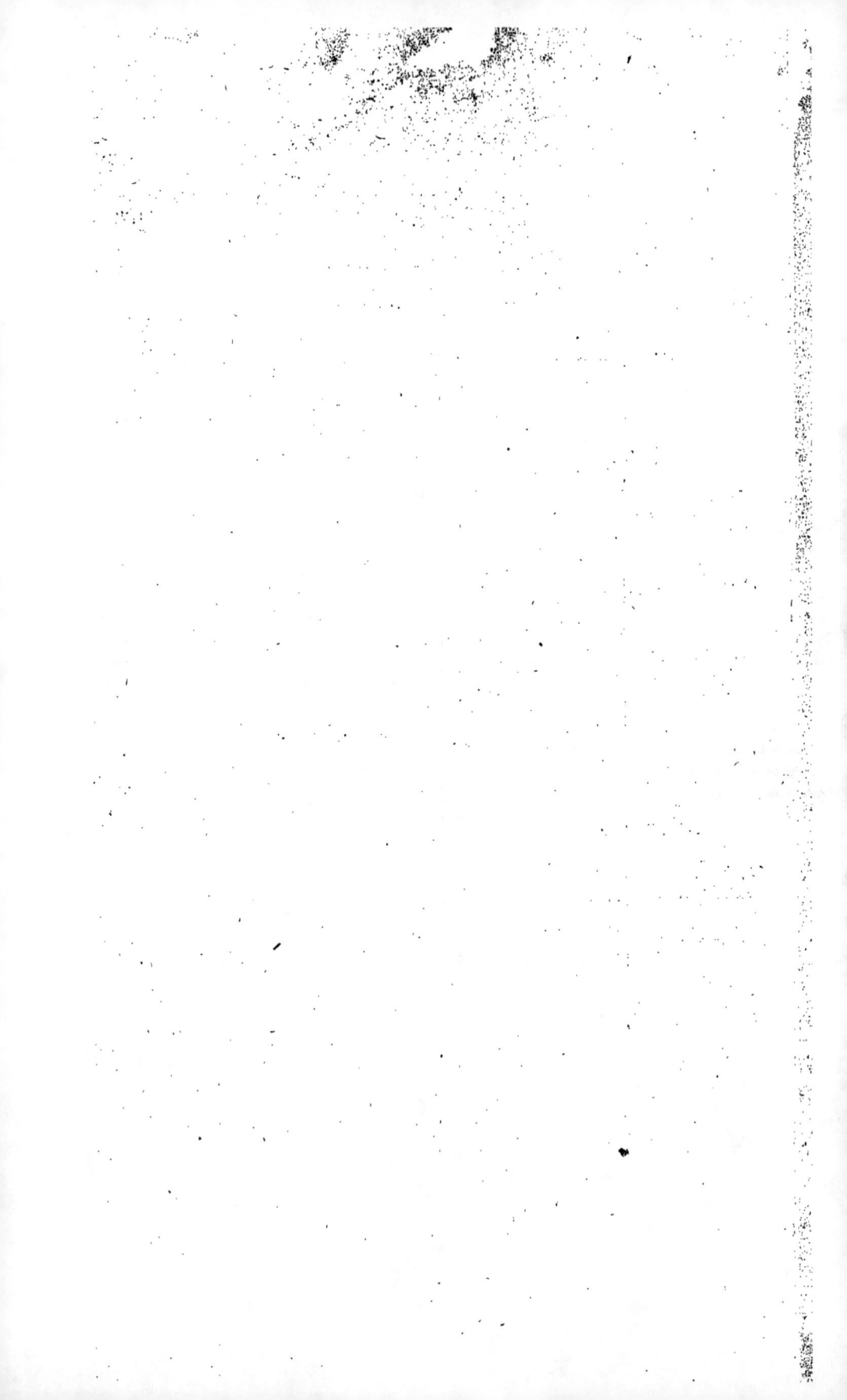

# SOUVENIRS

## SUR

# LE BARON LOUIS.

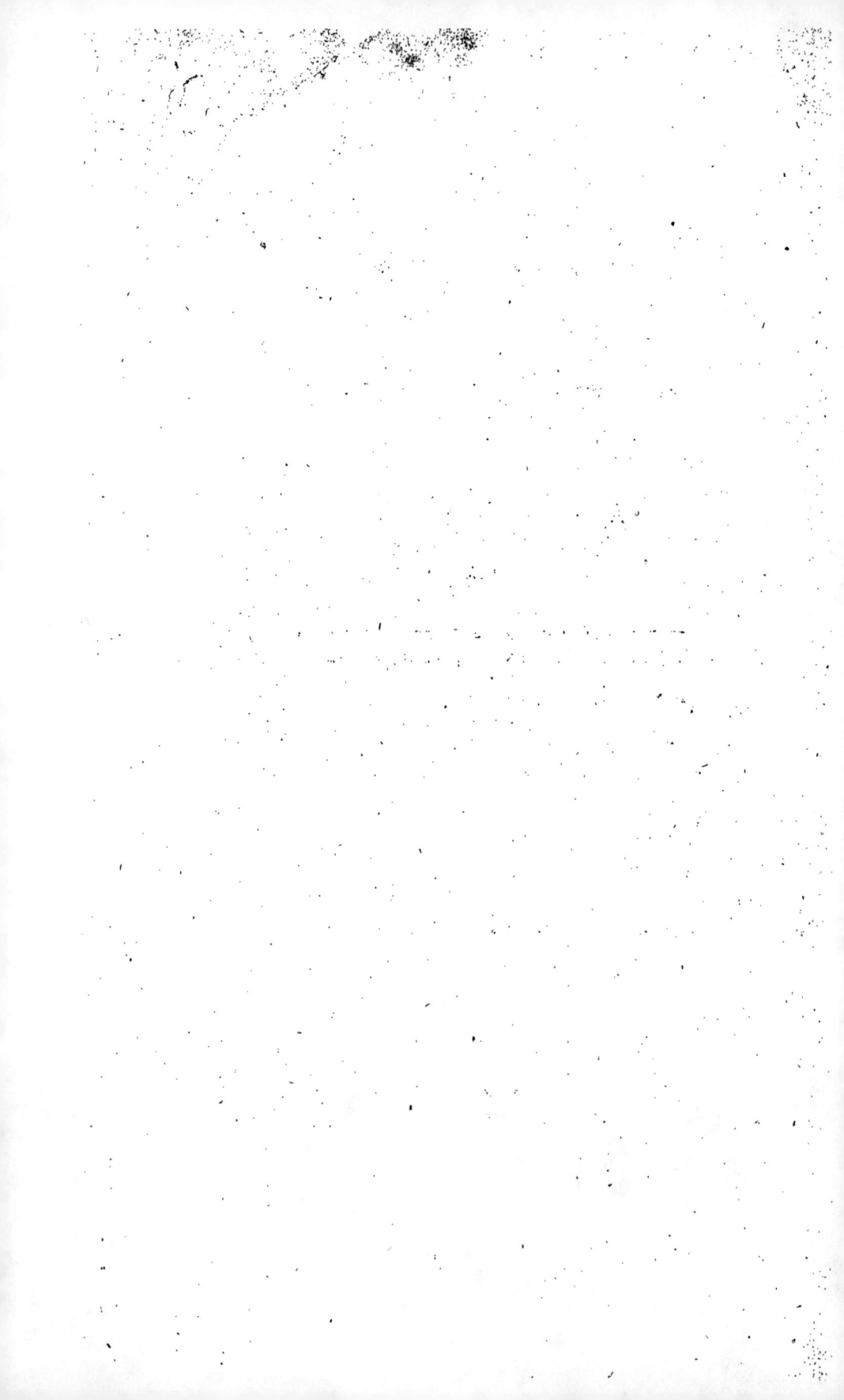

# SOUVENIRS

# LE BARON LOUIS.

———◆———

Le baron Louis naquit à Toul, d'une famille de magistrature, en l'année 1755. La nature l'avait doué d'une forte constitution, d'une âme ardente, d'un caractère ferme et d'un esprit élevé. Ses études, faites avec distinction à Paris, se perfectionnèrent par les laborieux exercices de l'état ecclésiastique auquel ses parents l'avaient destiné, et par le commerce habituel des hommes distingués de son époque, vers lesquels un penchant mutuel avait attiré sa jeunesse.

Sa brillante imagination, l'étendue et la puissance de sa pensée, bientôt soumises aux règles du goût et aux formes élégantes de la bonne compagnie, le déterminèrent à acquérir, à l'âge de vingt-quatre ans, une charge de conseiller-clerc au Parlement de Paris.

Ses premiers travaux dans cette nouvelle carrière mirent en évidence la sagacité et la vigueur de son esprit, et lui méritèrent aussitôt la confiance et l'affection des personnes les plus éclairées de cette illustre magistrature. Son instruction précoce, la lucidité de sa parole et la rectitude d'un sens toujours sûr en avaient fait le rapporteur et le juge le plus distingué de la troisième chambre des enquêtes, au témoignage de ses émules et du vénérable magistrat qui la présidait. Ses études en finances et en politique, ses fréquents rapports avec les économistes de son temps, et surtout avec le célèbre Panchaud dont il fut à la fois le disciple et l'ami, élevèrent ses jeunes idées à la hauteur des grandes combinaisons dont il a fait plus tard une heureuse application aux intérêts généraux de son pays.

L'amour du bien public, qui l'entraînait souvent jusqu'à l'exaltation, lui fit partager les espérances d'amélioration et les idées généreuses de la révolution de 1789. Membre de l'Assemblée provinciale d'Orléans, il prit une part considérable à ses travaux et concourut très-activement à la rédaction de ses cahiers.

Sa discrétion et sa scrupuleuse exactitude

dans l'accomplissement de diverses missions
qui lui furent confiées par Louis XVI, le firent
choisir pour ministre plénipotentiaire en Dane-
mark, en 1791; il se préparait par de laborieuses recherches à conserver dans ce nouveau
poste la supériorité qu'il avait déjà montrée
dans tous les autres, lorsqu'il vit se fermer,
devant les progrès de l'anarchie, la brillante
carrière qu'il s'était ouverte par ses talents. Il
fut forcé, au commencement de l'année 1793,
de fuir sur la terre d'exil la persécution des
hommes pervers qui dissipèrent si cruellement
toutes les illusions des gens de biens et qui auraient voulu ne conserver la patrie qu'aux complices de leurs crimes.

Dans cette pénible épreuve, son énergie naturelle et son industrieuse activité lui créèrent des
moyens d'existence qui le mirent à l'abri de toute
dépendance étrangère. Il put profiter de son
séjour en Angleterre pour y emprunter les véritables principes d'administration et de crédit
public dont il devait doter un jour sa patrie.
Aussitôt qu'il fut possible d'échapper aux dangers
de la proscription révolutionnaire, il revit le
sol natal pour y chercher encore les affections

et les espérances qu'il avait perdues en le quit-
tant.

Le puissant génie qui venait de nous délivrer
de l'anarchie en s'emparant des destinées de la
France, découvrit bientôt, avec son admirable
instinct de tous les genres de mérite, l'homme
de talent qui promettait tant de grands services
à l'administration, et lui confia d'abord une partie
des liquidations arriérées du département de la
guerre. Cette première mission parut aux yeux
de ses amis fort au-dessous du rang qu'il occupait dans l'opinion publique; mais il fit taire
leurs scrupules, en leur disant, avec la simplicité du véritable mérite; « Si je ne remplis pas
« bien cette place, elle est trop élevée pour moi;
« si je la remplis bien, je me charge de la gran-
« dir. » Les efforts de son application persévérante triomphèrent bientôt de la complication
et de l'obscurité d'un travail étranger à ses habitudes, et il sut débrouiller tous les éléments de
ce chaos de créances litigieuses où la négligence
et la mauvaise foi semblaient devoir consommer
la ruine du Trésor au profit de l'intrigue et de
la friponnerie.

La renommée de son habileté et de son res-

pect pour les droits acquis le firent solliciter
par le Gouvernement napolitain de fonder et de
prendre la direction d'une caisse nationale
d'amortissement. L'Empereur répondit, à cette
occasion, aux personnes qui voulaient avoir son
consentement : « Quel est donc cet homme que
« chacun réclame et qui ne demande rien ? qu'il
« reste. » Et il l'appela successivement à la
direction des intérêts de la Légion d'honneur,
aux fonctions d'administrateur du Trésor et aux
travaux du Conseil d'État, d'abord en qualité de
maître des requêtes, et plus tard de conseiller.
Ce prince, presque toujours inflexible dans sa
volonté, employait un jour toute son influence
pour faire rejeter par ce Conseil une créance
très-onéreuse au Trésor : il interpelle vivement
le baron Louis au banc des maîtres des requêtes
où il venait de s'asseoir, et il n'en obtient que
ces paroles pleines de franchise et de loyauté :
« Un État qui veut avoir du crédit doit tout
« payer, même ses sottises. »

L'esprit libre et dégagé de toute sujétion au
milieu de ces occupations multipliées, il fut tem-
porairement envoyé à Amsterdam et à Munster
pour y régler, avec son habituelle célérité, les

comptes de la dette de Hollande et celles de cet ancien évêché. Il en termina l'apurement à l'entière satisfaction de ces pays étrangers, en faisant prévaloir, auprès du maître le plus difficile, les règles d'équité et les maximes de bonne foi publique qui font encore bénir son nom dans ces contrées, comme ils l'ont constamment honoré dans les conseils de l'Empire et du Gouvernement constitutionnel de la France. « Vous voulez « donc me ruiner, lui dit l'Empereur, en rece- « vant la proposition d'une libération complète. « — Non, Sire, répondit le baron Louis, les Gou- « vernements ne se ruinent pas en payant léga- « lement leurs dettes. Vous aurez un jour besoin « de crédit ; vous ne pouvez le fonder que par « une rigoureuse justice envers les créanciers « de l'État. » Ces belles paroles furent alors comprises et acceptées dans toutes leurs conséquences.

Chargé par la confiance de M. le comte Mollien, de surveiller le contentieux du Trésor et la nouvelle Banque de l'État, connue sous le nom de Caisse de Service, il étudia de son regard pénétrant les nombreux rouages de ce grand mécanisme d'administration, et y découvrit les

germes des réformes qui devaient un jour les
simplifier. Il apprit également à connaître à
l'avance, par cette étude préparatoire, les
hommes capables et intègres qui étaient dignes
de le suivre dans son utile carrière, et dont son
affectueuse bienveillance lui fit dès lors une seconde famille.

Les délibérations du Conseil d'État fortifièrent
encore sa longue expérience des affaires, par le
développement des grandes vues du génie le plus
vaste et le plus fécond, mais sans ébranler ses
profondes convictions sur la liberté nécessaire
au commerce et à l'essor de l'industrie, sur les
ménagements du crédit public, sur les franchises
nationales, enfin sur les véritables conditions
du bien-être et de la prospérité des peuples.
Aussi embrassa-t-il, en 1814, avec toute l'ardeur de son patriotisme, le système de gouvernement qui lui accordait des institutions analogues à celles dont l'Angleterre jouissait depuis
longtemps, et qui avaient été l'objet constant
des études et de l'admiration de cet homme
d'État.

Au moment où le Gouvernement provisoire
de cette époque le chargea du fardeau de l'ad-

ministration des finances, les services étaient
sans ressources et sans direction, par l'épuisement de la guerre et par le départ des chefs
principaux du Ministère pour la ville de Blois;
l'impôt ne rentrait plus depuis trois mois que
dans les mains de l'étranger, et le Ministre ne
trouva, dans toutes les caisses qui lui restaient,
que cent mille écus, pour faire face aux besoins
urgents qui se pressaient en si grand nombre
autour du nouveau pouvoir.

Dix millions, repris par le zèle actif du baron
Louis, à la suite de l'Impératrice, sur les fonds
du domaine extraordinaire, furent enlevés à la
Liste civile, dans la cour des Tuileries, et versés
dans les coffres de l'État, nonobstant les réclamations des officiers de la Couronne.

Il sut dès lors opposer l'opiniâtreté de sa résistance à tous les cris populaires qui étourdis-
saient les oreilles bienveillantes du Lieutenant-
Général du royaume contre les impôts les plus
nécessaires.

Tels furent les premiers pas de ce courageux
citoyen dans la carrière des affaires publiques
que venait de lui rouvrir son dévouement à la
France.

Placé par le nouveau souverain et par la confiance générale à la tête du département des finances, il commença graduellement et sans secousse la fusion des deux Ministères et des administrations spéciales qui en composaient l'ensemble, en instituant, à l'imitation du grand Colbert, un conseil périodique de tous les chefs de service, délibérant, en sa présence, sur les questions difficiles ou générales ; maintenant ainsi l'unité de vues et d'action dans les différentes parties du travail, et éclairant, par d'utiles débats, l'opinion du Ministre sur les choses et sur les personnes. Il sut en même temps profiter avec habileté du concours puissant et rapide des inspecteurs du Trésor, en les appliquant à tous les services des finances, et en les animant toujours de sa pensée et de son impulsion directe.

C'est à l'aide de ces premières combinaisons qu'il parvint à rassembler les éléments épars de la situation financière, qu'il forma l'aperçu général des dettes arriérées, et qu'il présenta le tableau complet des ressources et des besoins de l'avenir. Privé du secours d'une comptabilité rigoureuse dans les Ministères ordonnateurs, il ne chercha pas à atténuer par une politique étroite et dé-

15

loyale les charges qui pesaient alors sur la France,
et il aima mieux les porter sans réticence à leur
maximum approximatif que de les diminuer à
l'avance par les rejets incertains des liquidations
ultérieures. Mais en même temps que ce budget
public des dépenses de l'État révélait pour la
première fois toute l'étendue de son passif, il
présentait des voies et moyens proportionnés à
l'importance des crédits ouverts, et faisait aper-
cevoir une ère nouvelle pour nos finances, où
l'équilibre devait se maintenir entre les produits
à recevoir et les créances à payer. Ce grand acte
de franchise et de probité financière fut le principal appui de la renaissance du crédit public,
qui se développa davantage encore d'après la
solidité des valeurs affectées aux engagements de
l'État.

   Dirigé par une politique aussi habile que prévoyante, et soutenu par la sagesse de Louis XVIII,
il osa refuser la restitution des bois du clergé et
proposer en même temps, au mépris des inimi-
tiés les plus dangereuses, de les vendre aux
enchères jusqu'à concurrence de 150 mille
hectares, afin de garantir à la fois, par cette
décision hardie, l'inviolabilité des domaines na-

tionaux et le paiement exact de tous les créanciers du Trésor.

Afin de réaliser sans retard cette importante
recette, et de solder immédiatement les anciennes dettes de l'Empire, loyalement et inté-
gralement acceptées, il fit remettre aux porteurs
d'ordonnances ministérielles des obligations du
Trésor, au pair et sans réduction de capital,
avec jouissance d'un intérêt élevé, jusqu'au jour
de leur remboursement, sur les produits successifs des adjudications de bois.

Il a été le premier en France à faire prévaloir
la généreuse résolution d'une libération complète des dettes antérieures, contre les nombreux
partisans de ces consolidations forcées qui avaient
fait de toutes les liquidations précédentes autant
de banqueroutes déguisées. On lui désignait alors
l'un de ses collaborateurs comme le plus capable
de le faire triompher des embarras du Trésor,
et il répondait à ce conseil : « Ce n'est pas
« l'intelligence qui lui manque, mais il n'a pas
« assez de cœur pour bien comprendre le crédit
« public. »

Le sacrifice temporaire de très-gros intérêts
lui parut, à cette époque de défiance, un stimu-

lant indispensable pour provoquer les avances
volontaires des particuliers, qui dès lors sont
venus s'offrir avec empressement aux caisses du
Trésor.

Il eut ainsi le trop rare mérite de défendre et
de faire maintenir dans son budget, avec la dé-
signation nouvelle de *contributions indirectes*,
les taxes sur les boissons, si vivement attaquées
sous le titre de *droits réunis*, et dont le trésor
était menacé, par d'imprudentes promesses, de
perdre pour toujours la précieuse et importante
ressource.

Ce laborieux administrateur avait à peine obtenu la presque unanimité des suffrages pour les
propositions de la loi de finances, qu'il reporta
ses regards sur les diverses branches de service
qui lui étaient confiées, et qu'il posa les bases de
l'organisation des finances, en réunissant dans
les mêmes mains les attributions analogues, et
en instituant, au centre même de la direction
administrative, une comptabilité générale char-
gée d'introduire des écritures et des méthodes
uniformes dans tous les comptes, de fortifier la
surveillance par des contrôles continuels et posi-
tifs, et de fournir au Ministre, aux Chambres et

à la Cour des comptes, les nouveaux tributs de
résultats et de justifications qu'exigeait la nature
du gouvernement représentatif.

. Pendant l'intervalle de temps que lui laissait
la clôture de cette première session législative,
il s'empressa de supprimer les valeurs d'ordre
qui, sous les titres d'obligations, de bons à vue
et de rescriptions, prenaient autrefois la place
des recouvrements et des paiements effectifs
dans le compte courant des receveurs-généraux
avec le Trésor, et étaient ainsi substituées, avec
des échéances arbitraires, aux rentrées et aux dépenses réellement opérées par ces comptables.
Depuis l'exécution de cette utile réforme, les
produits réalisés ont été, sans retard, productifs
d'intérêts pour le Trésor dans les mains qui les
ont reçus : son compte courant avec chaque
receveur-général a été dégrévé de toute dépense
fictive et anticipée : l'intérêt personnel de ces
importants dépositaires des deniers publics les
provoque incessamment à livrer les fonds de
leurs caisses à tous les besoins exigibles. Il a
complété plus tard cette amélioration si favorable à la ponctualité des paiements, en prescri-
vant le concours des percepteurs des divers

impôts, pour l'acquittement local des mandats réguliers des ordonnateurs. Enfin, il a su profiter, en administrateur éclairé par l'expérience, des moyens que son prédécesseur avait si habilement préparés, pour diriger, avec autant de célérité que d'économie, les versements de fonds et les opérations de banque du Trésor, et pour suppléer, sur tous les points et dans tous les temps, à l'insuffisance locale et momentanée des recettes de l'impôt, par les ressources auxiliaires d'un crédit inépuisable, puisqu'il repose sous la double garantie des receveurs-généraux et de l'administration des finances.

Les événements du mois de mars 1815 le surprirent au milieu de ses actives dispositions pour le succès du plan de finances consacré par la loi du 23 septembre 1814. Les réserves de fonds, qu'il avait sagement ménagées pour assurer l'exact remboursement des obligations du Trésor, et pour consolider les fondements du crédit public, devinrent la principale ressource du nouveau Gouvernement dans sa lutte immédiate contre l'étranger.

Toutes les caisses étaient épuisées par les exigences de la guerre et par le pillage des ennemis;

les différentes sources de revenus étaient taries par les contributions et par les dommages incalculables de l'invasion des armées de l'Europe; la confiance s'était subitement retirée à l'aspect des charges menaçantes du présent et de l'avenir; enfin les transactions particulières et l'action du Gouvernement s'étaient partout arrêtées, lorsque le baron Louis ne craignit pas de reprendre la responsabilité du service du Trésor, et d'opposer, toute seule, l'énergie de son dévouement aux malheurs désespérants dont la France était accablée.

Il faut avoir été témoin, dans cette crise fatale, de la prodigieuse activité de son génie inventif et de ses patriotiques inspirations, pour apprécier la puissance de son courage, les ressources de son habileté financière, et tous les droits qu'il s'est acquis à la reconnaissance nationale.

On l'a vu soustraire avec une adresse pleine d'audace et de bonheur, à la cupidité des troupes, avides de butin, les encaisses cachés par le dévouement des comptables, sous le fer exacteur de l'ennemi. On l'a vu solliciter et obtenir, au milieu de la détresse et de la terreur du moment, les secours du commerce et des receveurs-géné-

raux, qui osaient encore s'abandonner à la
loyauté éprouvée du Ministre. On l'a vu, par un
admirable effet de l'influence qu'il exerçait sur
le pays, puiser inopinément dans les réserves de
fonds conservées par la prévoyance des familles
opulentes, un subside extraordinaire de 100 millions, qui lui a permis de racheter la France
asservie des mains de l'étranger, et de la rendre
à elle-même et à son gouvernement.

Après cet heureux effort pour secouer le joug
qui pesait sur nos têtes, la vie publique s'est ra-
nimée dans toutes les parties du royaume, le
travail a repris son cours, les revenus ont afflué
vers le Trésor, et déjà le retour de l'abondance
et du crédit semblait la conséquence prochaine
de tant de persévérance à surmonter une aussi
grande épreuve; mais les derniers tributs, imposés par les étrangers pour l'abandon du territoire français, épuisèrent la patience de celui
dont le courage avait toujours su braver les difficultés d'une lutte aussi pénible que glorieuse,
et il ne se sentit pas assez de résignation pour
rester au pouvoir en acceptant la responsabilité
de ces nouveaux sacrifices.

Nommé grand' croix de la Légion-d'Honneur,

et rendu, à la fin de 1815, aux loisirs de la vie
privée, il les consacra sans relâche aux devoirs
de député de sa ville natale. Il apportait encore,
dans cette nouvelle mission, un amour éclairé
du bien public qui l'invitait toujours à seconder
le zèle de ses collègues par les conseils de son
expérience. On remarquait aussi son généreux
empressement à venir au secours du Ministre
des finances toutes les fois que sa conviction lui
ordonnait de le défendre et de protéger les services qui lui étaient confiés.

Rappelé au ministère après trois années d'un
repos aussi utilement employé, il trouva le
revenu public considérablement amélioré par
l'influence de l'ordre et de la paix, et la dette
inscrite plus que doublée par les traités rigou-
reux auxquels il n'avait pas voulu souscrire. Le
poids des dépenses publiques était encore difficile
à supporter; il favorisa donc, par des conditions
de banque habilement calculées, et au moyen
desquelles il associait l'intérêt direct des receveurs-généraux dans les bénéfices qu'il procu-
rait au Trésor, le développement des avances
de fonds de ces grands comptables, dont il s'était
d'ailleurs attaché à fortifier le personnel par le

choix de riches capitalistes toujours prêts à seconder l'administration de leurs propres ressources et de celles de leurs correspondants.

Il chercha en même temps à soulager la
place de Paris des nouvelles émissions de rentes
qu'avait exigé l'acquittement successif de nos
engagements de toute nature, et il fit établir
dans ce but, par le receveur-général de chaque
département, un petit grand-livre où vinrent se
placer avec confiance les fonds oisifs des habitants des provinces, et se populariser cette nature d'effets publics. Cette ingénieuse mesure a
ouvert une voie large et tranquille à l'écoulement graduel et au classement définitif de ces
valeurs, en dégageant le marché de la Bourse
d'une surabondance contraire à l'élévation des
cours.

Il réussit également à perfectionner, pendant
la courte durée de cette troisième période ministérielle, l'organisation de la trésorerie et de
la comptabilité générale des finances, et il remit,
au mois de juin 1820, à son nouveau successeur,
des produits améliorés, des caisses plus abon-
damment pourvues, des moyens de crédit plus
forts et plus étendus, enfin une tâche rendue

plus facile par l'apurement des embarras antérieurs et par sa prévoyance habituelle des besoins
présents et futurs du Trésor.

Depuis cette dernière époque, il reposait sa
laborieuse vieillesse tantôt dans l'accomplissement des obligations de protecteur de sa famille,
et tantôt dans l'exercice des fonctions législatives le plus utilement remplies, lorsque les
événements de 1830 lui offrirent une nouvelle
occasion de se dévouer au salut de tous, et de
présenter l'autorité de son caractère et de son
nom dans les finances, pour imposer à l'anarchie, et lui arracher les gages de tous les créanciers de l'État, la récompense de tous les services publics, enfin ce puissant Trésor que la
société s'est ménagé dans sa prévoyance pour se
protéger elle-même, et pour résister à tous ses
désordres. Il osa encore, malgré le poids de ses
longues années, affronter la responsabilité d'une
administration dont les revenus et le crédit
étaient profondément altérés, et il n'hésita pas à
recommencer la courageuse carrière qu'il avait
glorieusement parcourue en 1815.

Ses efforts furent couronnés d'un prompt succès, la marche des rentrées ne fut point in-

terrompue, le service des dépenses ne souffrit aucun retard. Il convertit en monnaie française, avec une promptitude sans exemple, les 50 millions du Trésor d'Alger, et les rendit immédiatement applicables aux besoins courants; et il ajouta à cette première ressource les secours d'un crédit administratif qui ne lui ont jamais manqué.

Mais il s'éleva bientôt dans le conseil des dissentiments qui le décidèrent à remettre en d'autres mains la tâche difficile qu'il avait si heureusement commencée; et, dès le mois de novembre 1830, il avait déposé le portefeuille des finances.

Cependant la secousse politique et financière de l'année 1831, qui ébranla si violemment les ressorts de l'administration, ne lui permit pas de résister aux instances de Casimir Périer, et il consentit à rentrer au poste le plus difficile pour rétablir l'équilibre, déjà détruit, des ressources et des besoins du Trésor. Le baron Louis, en se dévouant à cette nouvelle tâche, connaissait bien l'effrayante situation des finances au 31 mars 1831; elle n'ébranla pas son courage; il dévoila aux Chambres toute l'étendue du mal, provoqua une

enquête parlementaire, demanda des sacrifices
qu'il sut obtenir, et rétablit, à la fin d'avril,
l'abondance du Trésor et la sécurité de ses
créanciers.

Il parvint d'abord à réaliser, avec d'équitables
ménagements, un précédent emprunt de 80 millions, dont une rigueur imprudente aurait fait
évanouir la précieuse ressource dans la ruine
du débiteur. Il reçut ensuite de la propriété foncière 60 millions de contributions additionnelles,
et réussit à combler ainsi une partie du déficit
que les inquiétudes du moment et d'hostiles préventions contre l'impôt des boissons venaient de
créer sur les douanes et sur les produits indirects.
Enfin il réclama encore avec le même succès les
avances des receveurs-généraux et les subsides particuliers du service de la trésorerie et du crédit
public, en offrant pour hypothèque aux créanciers une partie du sol forestier, et, comme une
inviolable garantie, son ancienne fidélité à solder
avec exactitude tous les engagements de l'État.

Préoccupé de la pénurie du Trésor et des
embarras de ces temps difficiles, Casimir Périer
répondait à une personne qui le sollicitait, devant
le Ministre des finances, pour une dépense con-

sidérable : « Le baron vous refusera une aussi
« grosse somme. — S'il s'agit d'un service utile,
« s'écria celui-ci avec sa vivacité accoutumée ,
« je vous trouverai un milliard ; vous n'aurez
« pas un centime si vous me parlez d'une dé-
« pense qui ne soit pas nécessaire. »

Ces nouveaux efforts de courage et de talent
ont fait triompher pour la troisième fois la fortune de la France des calamités qui menaçaient
de l'engloutir ; le baron Louis a su la délivrer, à
plusieurs reprises, des conséquences désastreuses
d'une banqueroute et conserver intacts son honneur, sa puissance et son crédit. Après avoir,
par vingt mois d'améliorations rapides dans la
fortune publique, acquitté sa dernière dette de
dévouement à la patrie , il laissa à son successeur
une situation financière aussi rassurante pour le
présent que pour l'avenir.

C'est seulement alors qu'il a commencé à recevoir la récompense la plus digne de ses longs
et honorables travaux , en suivant avec une joie
bien méritée, sur le siége élevé qu'il occupait à
la Chambre des Pairs, les récents progrès de cette
prospérité publique dont il avait si souvent préparé les bienfaits.

Ceux qui ont connu cet ancien administrateur ont admiré son inépuisable prévoyance pour créer des ressources au Trésor, sa religieuse exactitude à satisfaire tous les droits des créanciers de l'État, son inébranlable fermeté pour défendre l'intérêt général contre les prétentions mal fondées de l'intérêt privé, pour soutenir le mérite modeste contre les efforts de l'intrigue et de la faveur, et pour protéger les fonctionnaires utiles contre les réactions politiques de tous les temps et de tous les partis.

Témoin éclairé de révolutions nombreuses, il fut toujours prêt à combattre les passions individuelles et à servir les intérêts nationaux. Un jour qu'il était assailli par une foule de solliciteurs, il ouvrit brusquement sa porte et leur dit avec impatience ces paroles où se peignent si fidèlement la vivacité et la franchise de son caractère : « Que me voulez-vous ? vos conseils, « je n'en ai que faire ; des dénonciations, je ne « les écoute pas ; des places, je n'en ai qu'une à « votre service, c'est la mienne : prenez-la, si « vous la voulez. » Puis il referma sa porte.

Ses collaborateurs ont pu seuls apprécier son infatigable activité pour le travail et cette ardeur

pour le bien public dont il électrisait chacun
des chefs de service par les fréquentes étincelles
de sa verve patriotique. Sa parole toujours spi-
rituelle et persuasive animait tous les esprits de
sa pensée, et pénétrait toutes les âmes de la
véhémence de ses sentiments. Son élocution facile et brillante dans son cabinet, parce qu'elle
était toujours appuyée sur une conviction profonde et inspirée par la plus féconde imagination, se refroidissait à la tribune devant l'appa-
reil d'une discussion publique et se troublait
quelquefois devant les sophismes des rhéteurs et
des avocats. Riche d'expérience et de véritable
savoir, il n'aimait à communiquer les idées et
les connaissances qu'il avait acquises qu'à ceux
qui pouvaient les comprendre et les apprécier,
et il ne répondait aux attaques des hommes
superficiels et présomptueux que par les bienfaits
d'une administration éclairée.

On l'a vu constamment dominer et embrasser
dans sa haute intelligence l'ensemble de son
Ministère, ne se réserver que les vues générales
et la direction supérieure de chaque partie et
laisser toute l'exécution des détails à ceux qu'il

avait jugés dignes d'une confiance sans bornes et qu'il leur conservait toujours.

Quoiqu'il embrassât avec ardeur les améliorations et les réformes utiles, il ne procédait ordinairement à leur application qu'avec la réserve et les sages précautions que lui commandait sa longue pratique des hommes et des affaires.

Dégagé de toute prétention personnelle, étranger aux vanités de l'esprit et du talent, il poursuivait le bien public avec tant d'abnégation de lui-même qu'il montrait un sang-froid inaltérable au milieu des embarras et des dangers des temps difficiles. Aucune crainte, aucune arrière-pensée n'arrêtait son courage devant les résistances : il les attaquait en face et sans ménagement, marchait droit à son but, sans éviter les traits dirigés contre lui ; maître de sa volonté comme de ses actions, il finissait toujours par triompher de tous les obstacles. Les jours de calme, où il se trouvait en butte aux petitesses et aux mesquines tracasseries des partis, épuisaient souvent sa patience et lui inspiraient du dégoût pour une administration où il ne croyait plus sa présence aussi nécessaire.

16

On ne l'entendait jamais parler dans sa retraite des services qu'il avait rendus, que pour en attribuer le mérite à ceux qui l'avaient secondé avec un zèle d'autant plus dévoué qu'il savait mieux que personne grandir et honorer leur capacité.

Il n'était fier que des talents qu'il avait créés par ses encouragements et par ses conseils; la jeunesse intelligente et laborieuse trouvait en lui l'appui le plus fidèle et le guide le plus bienveillant. Son plus grand bonheur, celui dont il aimait ordinairement à se vanter, c'était d'avoir mis un homme de mérite à la place où il servait le mieux la société. Les qualités éminentes effaçaient à ses yeux les fautes légères et même les torts qui auraient pu le blesser, car il avait trop d'élévation dans l'âme pour humilier la faiblesse et pour triompher et se grandir des imperfections d'autrui. Personne ne savait mieux reconnaître les bons services ni rendre hommage aux œuvres de talent. Son zèle actif sentait toujours l'aiguillon d'une émulation généreuse et jamais celui d'une envieuse rivalité. La simplicité de ses manières, la franche cordialité de son accueil et la bonté chaleureuse de son âme commandaient à tous l'affection et le dévouement : aussi tous

ceux qui appartenaient à cet homme de cœur
par les liens de la famille, de la reconnaissance
ou d'une intime relation, lui sont restés trop
fortement attachés pour que la mort même ait
pu briser des nœuds aussi chers, et les séparer
entièrement de leur père adoptif, de leur bien-
faiteur et de leur excellent ami. Le coup doulou-
reux qui les a frappés à tant de titres, a enlevé
à la Chambre des Pairs une illustration administrative dont le nom rappelle à la fois la détresse et le salut du Trésor, la banqueroute
imminente et la renaissance du crédit public;
une de ces expériences longtemps respectées qui
ajoutait à l'autorité de ses décisions; enfin un
homme d'État aussi éclairé que courageux qui
prêtait au Gouvernement des secours toujours
puissants par la fermeté de son caractère et par
l'indépendance de sa situation.

FIN.